UMA HISTÓRIA DA CULTURA
AFRO-BRASILEIRA

WALTER FRAGA

Doutor em História Social pela Unicamp.
Professor adjunto da Universidade Federal
do Recôncavo da Bahia (UFRB).

WLAMYRA R. DE ALBUQUERQUE

Doutora em História Social pela Unicamp.
Professora da Universidade Federal da Bahia.

Prêmio Jabuti 2010 — 1º lugar
Melhor livro didático e paradidático

ALTAMENTE RECOMENDÁVEL
Fundação Nacional do Livro Infantil e Juvenil

MODERNA

COORDENAÇÃO EDITORIAL: Lisabeth Bansi
EDIÇÃO DE TEXTO: Ademir Garcia Telles
PREPARAÇÃO DE TEXTO: Renato da Rocha Carlos
COORDENAÇÃO DE PRODUÇÃO GRÁFICA: Ricardo Postacchini, Dalva Fumiko N. Muramatsu
COORDENAÇÃO DE REVISÃO: Elaine del Nero
REVISÃO: Salete Brentan
EDIÇÃO DE ARTE/PROJETO GRÁFICO/CAPA: Ricardo Postacchini
ILUSTRAÇÕES DE CAPA E MIOLO: Mauricio Negro
COORDENAÇÃO DE PESQUISA ICONOGRÁFICA: Ana Lucia Soares
PESQUISA ICONOGRÁFICA: Adriana Abrão, Monica Souza, Erika Freitas
As imagens identificadas com a sigla CID foram fornecidas pelo Centro de Informação e Documentação da Editora Moderna
DIAGRAMAÇÃO: Camila Fiorenza Crispino
COORDENAÇÃO DE BUREAU: Américo Jesus
TRATAMENTO DE IMAGENS: Pix Art
PRÉ-IMPRESSÃO: Everton L. De Oliveira, Helio P. de Souza Filho, Marcio Hideyuki Kamoto
COORDENAÇÃO DE PRODUÇÃO INDUSTRIAL: Wilson Aparecido Troque
IMPRESSÃO E ACABAMENTO: EGB Editora Gráfica Bernardi Ltda
LOTE: 753532
COD: 12047108

Dados internacionais de Catalogação na Publicação (CIP)
(Câmara Brasileira do Livro, SP, Brasil)

Fraga, Walter
Uma história da cultura afro-brasileira /
Walter Fraga, Wlamyra R. de Albuquerque. —
São Paulo : Moderna, 2009.

1. Africanos - Brasil 2. Cultura
afro-brasileira 3. Escravos - Comércio - África
4. Escravos - Comércio - Brasil 5. Escravidão -
Brasil - Condições de escravos 6. Escravidão -
Brasil - História I. Albuquerque, Wlamyra R. de.
II. Título

09-01425   CDD-306.08996081

Índices para catálogo sistemático:
1. Cultura afro-brasileira : Sociologia 306.08996081

EDITORA MODERNA LTDA.
Rua Padre Adelino, 758 – Belenzinho
São Paulo – SP – Brasil – CEP 03303-904
Vendas e Atendimento: Tel. (11) 2790-1300
Fax (11) 2790-1501
www.modernaliteratura.com.br

2022

impresso no Brasil

SUMÁRIO

APRESENTAÇÃO

"Cultura" é uma palavra com vários significados. Em geral, é usada para definir o conjunto de manifestações artísticas e religiosas de um povo ou de um grupo social. Daí ser comum que, ao ouvir falar de cultura afro-brasileira, se pense logo em samba e candomblé. Mas cultura é mais que isso. Ela diz respeito à maneira pela qual compreendemos e agimos na sociedade em que vivemos. É dentro de uma determinada cultura que aprendemos padrões de comportamento, formas de se vestir e de se divertir, hábitos alimentares, relacionamento, educação das crianças, como lidar com a morte, ou mesmo explicações para a origem e o sentido da vida.

Você deve estar se perguntando: nada escapa à cultura?

De fato não, porque ela é uma espécie de gramática, de código não escrito, que começamos a aprender quando nascemos e vamos atualizando com o passar do tempo. E essa atualização estabelece as mudanças, permitindo que concepções e valores herdados de nossos avós e pais sejam abandonados ou refeitos ao longo do tempo. Estudando História, nós, portanto, entendemos de cultura e suas transformações.

Nossa condição de autores da cultura também nos permite atribuir sentidos a algo que nos identifique como parte de determinado grupo. Jovens do movimento *hip-hop*, por exemplo, costumam agir e se vestir dentro de determinado padrão, e assim eles podem se reconhecer e ser reconhecidos enquanto se diferenciam de outros grupos. Logo, não é possível que a gente construa identidade fora de uma cultura. Por isso toda identidade diz respeito a determinado tempo, lugar e contexto. Então, cultura aqui diz respeito a manifestações coletivas, como festas e crenças religiosas, mas também a padrões associativos e a atitudes compartilhadas pela coletividade.

Pensar sobre cultura é fundamental para entendermos a trajetória das populações africanas no Brasil e a própria formação de nossa sociedade. A escravidão foi uma página muito triste da história do Brasil. Durante séculos, homens, mulheres e crianças de diferentes origens africanas foram retirados de suas comunidades, escravizados e passaram a conviver com europeus e populações indígenas. Esse encontro repleto de diversidade foi marcado por tensões, conflitos e adaptações. Por conta da condição de escravizados dos africanos e de seus descendentes, suas práticas e costumes não eram reconhecidos, já que só era considerado cultura o que fosse criado pelos europeus.

Ainda assim, africanos e afrodescendentes imprimiram de modo decisivo suas referências no Novo Mundo. Daí dizermos que as culturas afrodescendentes têm a marca da resistência, por persistirem, apesar da repressão e da desqualificação a que foram e ainda são submetidas em várias partes do mundo. No Brasil, a culinária, os modos de vestir, ritmos, danças, assim como palavras e expressões gramaticais, trazem em nosso cotidiano as marcas da presença africana.

A cultura afro-brasileira também se caracteriza pela criatividade, pois ao longo de nossa história os africanos e seus descendentes foram obrigados a refazer suas vidas e inventar caminhos para sair da escravidão e enfrentar a discriminação. Mas, como veremos ao longo deste livro, não foram os únicos atores nessa história; a cultura afro-brasileira é também fruto do contato dos africanos com as populações locais.

A luta pela liberdade foi episódio decisivo em nossa formação cultural. No Brasil, o desejo de liberdade nasceu com o desembarque do primeiro africano escravizado. E escapar da escravidão foi possível por meio de diversas estratégias carregadas de saberes africanos.

Também não faltou quem se solidarizasse com essa luta. Reunidos em sociedades abolicionistas, trabalhando nos tribunais ou militando na imprensa, muitos negros, mulatos e brancos defenderam o fim da escravidão. As formas como nos relacionamos, nossos modos de expressar solidariedade e conviver com as diferenças também são heranças desta luta.

Os povos africanos que vieram para o Brasil trouxeram um imenso repertório de saberes, relacionados a técnicas de cultivo, criação de animais, mineração, construção de casas, navegação, religiosidade, filosofia, tratamento de doenças físicas e mentais, dança, música, divertimentos e culinária, entre outros. Assim, a interação de povos de diferentes regiões da África nas cidades brasileiras, em contato com as tradições portuguesas e indígenas, criou um cenário propício ao encontro de diversas culturas africanas e fez nascer uma cultura original, diversificada e rica: a cultura afro-brasileira. Será sobre a formação dessa cultura que falaremos ao longo deste livro.

Esperamos que este livro provoque uma reflexão sobre o tanto de África que carregamos em nós em forma de cores, sons e movimentos.

CAPÍTULO 1

OS POVOS AFRICANOS E O INÍCIO DO MUNDO

DIZ um conto africano que antes de o mundo ser mundo existia apenas um grande vazio, um nada sem fim. Ao perceber esse vazio, Olodumaré resolveu que iria inventar o mundo, com todas as coisas que há nele: cores, bichos, pessoas, ar, tempestade... e tudo mais. Mas Olodumaré não poderia criar tudo sozinho, por isso pediu a Nanã que fizesse a lama, na qual Oxalá modelou o homem. Depois de pronto, o homem ganhou o sopro da vida e a possibilidade de usufruir o que o mundo lhe oferecia.

Essa interpretação da origem do universo e da humanidade é contada há muitos séculos por povos africanos. É uma explicação repleta de elementos sobre a relação entre o homem e a natureza.

Calcula-se que, desde a primeira metade do século XVI até 1850, quando o tráfico de escravos foi proibido, cerca de 4 milhões de africanos vieram escravizados para o Brasil. Eram pessoas de lugares e grupos bem diferentes, que traziam consigo diversas interpretações sobre a origem do mundo, religiosidade, vivência familiar, modos de vestir e de se relacionar com os outros. Tinham, enfim, uma cultura rica, complexa e diversificada. Afinal, no grande continente que é a África viviam povos com tradições, formas de organização social e política próprias. Vamos entender isto melhor.

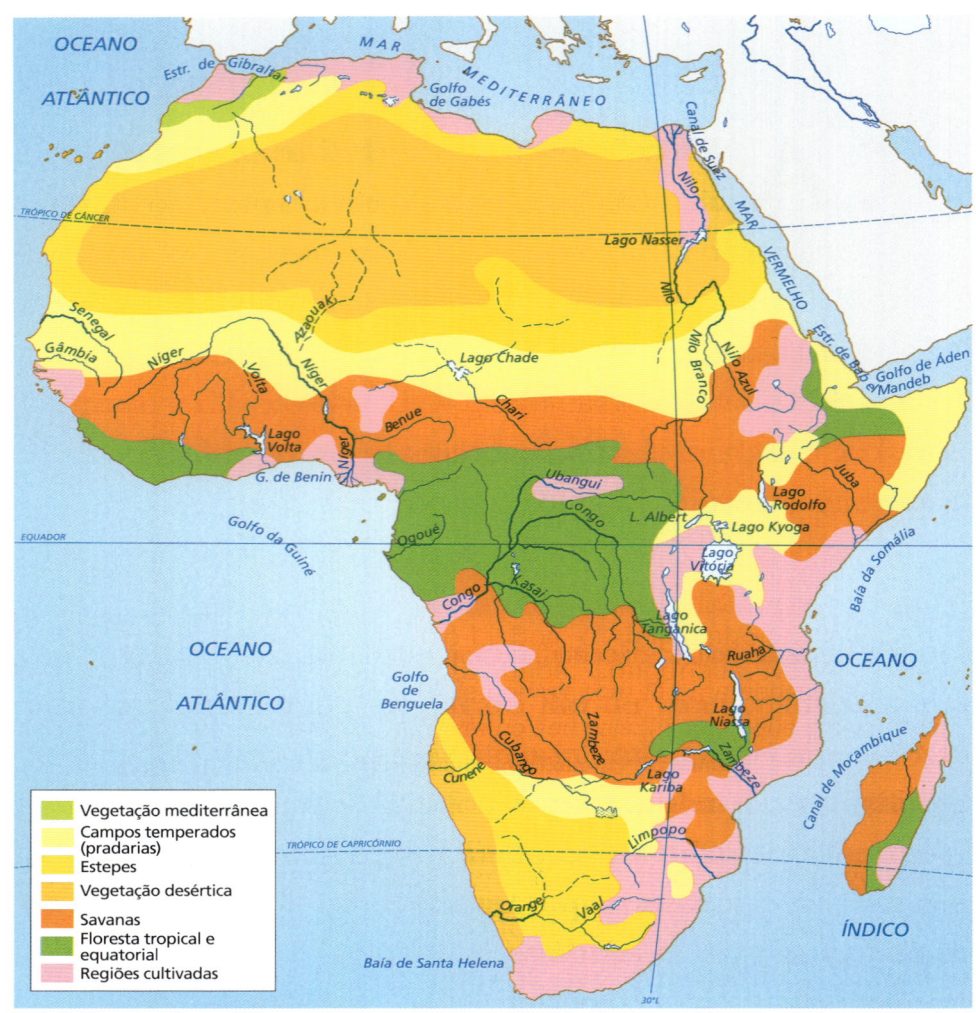

Legenda:
- Vegetação mediterrânea
- Campos temperados (pradarias)
- Estepes
- Vegetação desértica
- Savanas
- Floresta tropical e equatorial
- Regiões cultivadas

África: Vegetação e hidrografia.

Boa parte do que foi escrito e lido por nós sobre os povos africanos foi dito por viajantes, missionários e comerciantes europeus que interpretavam a partir de suas próprias culturas o que e quem conheciam no continente africano.

Desse modo, eles procuravam entender modos de viver que lhes eram estranhos, avaliando-os sob seus pontos de vista. A própria periodização da história da África foi feita segundo a cronologia própria às sociedades europeias. Podemos, portanto, dizer que a história da África também conta muito sobre como os africanos foram vistos pelos outros povos.

Entretanto, os povos africanos também registraram as próprias histórias, por meio de documentos escritos, da tradição oral, da arte, da literatura, das celebrações e tantas outras formas de expressão. Estes registros são muito importantes porque tratam da história que povos africanos contam de si mesmos e do contato com os outros. Os contos e lendas, por exemplo, são fontes importantes de saberes, porque revelam interpretações sobre as mais diversas experiências humanas e nos remetem a tempos muito antigos, bem anteriores à existência do Brasil como país.

A ÁFRICA E OS PRIMEIROS HABITANTES

FOI no continente africano que surgiram os grupos humanos mais antigos de que temos notícias. Hoje sabemos que as populações do Egito, por exemplo, surgiram há aproximadamente 5 mil anos e alcançaram um fabuloso nível de desenvolvimento social, econômico e político.

Conhecer a história da África é, portanto, uma excursão pelo próprio surgimento da humanidade e de seus progressos tecnológicos. A produção de ferro era realizada em algumas regiões da África, em torno de 600 a.C., por meio de um sistema de aquecimento do metal que só passou a ser empregado na Europa centenas de anos depois, no século XIX. Assim, era possível encontrar na África povos que dominavam a produção de ferro de boa qualidade para o fabrico de ferramentas, armas e objetos utilitários como facas, enxadas e machados.

Até o século XX, o continente africano não estava dividido em países como hoje. Essa forma de organização social foi imposta pelas nações europeias no processo de colonização, que ocorreu, mais ou menos, entre 1890 e 1960. Antes da chegada dos europeus, as sociedades africanas estavam organizadas de muitas maneiras. Existiam grupos nômades, reinos, impérios e pequenas aldeias, habitadas por quem tinha em comum a

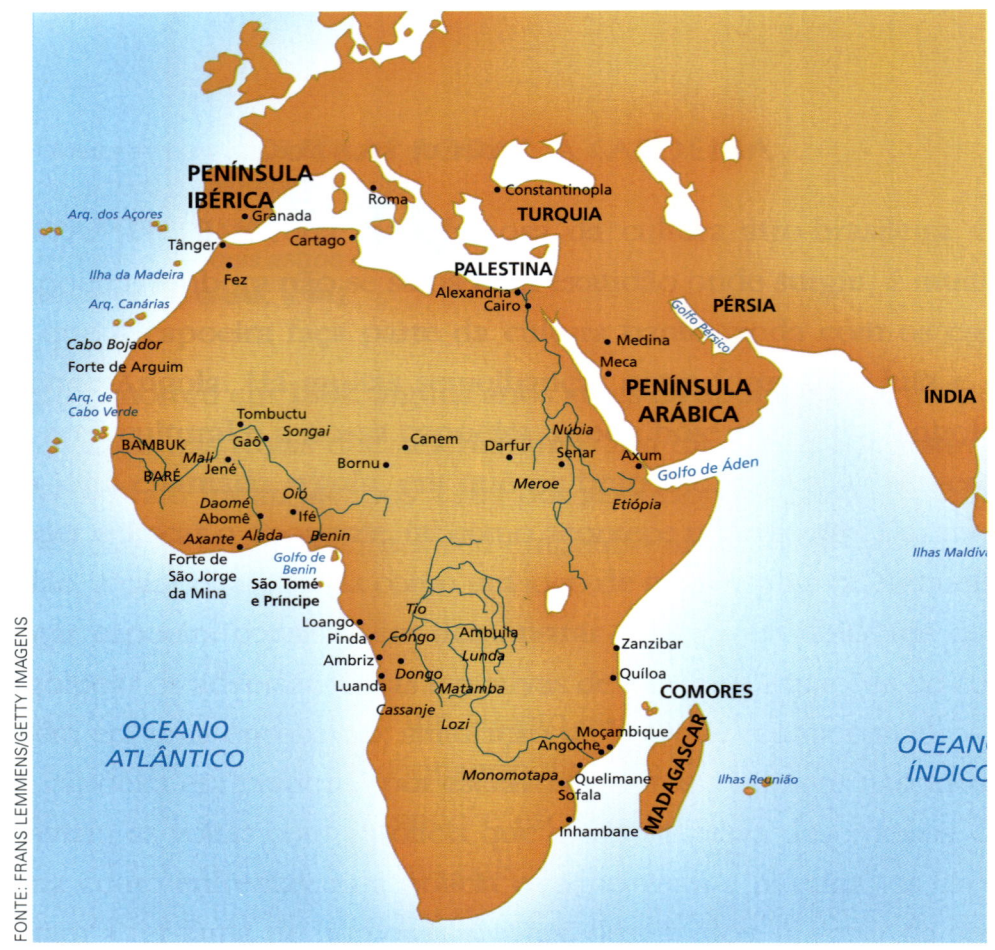

FONTE: FRANS LEMMENS/GETTY IMAGENS

Africa: Cidades e reinos antigos.

descendência, a fé religiosa, atividades de trabalho e o idioma. Em algumas comunidades marcava-se o corpo e o rosto, as chamadas escarificações, como sinais de pertencimento a determinado lugar ou grupo familiar.

A própria existência das comunidades dependia da preservação da memória e do culto aos antepassados, por isso os mais velhos eram tratados com muito respeito e usufruíam alguns privilégios, como as melhores moradias.

As aldeias podiam estar ligadas por vínculos de parentesco graças aos quais várias famílias compartilhavam um território ou estavam submetidas ao mesmo rei, devendo-lhes impostos e obediência. A arrecadação dos impostos geralmente ocorria na época da colheita ou quando os produtos eram colocados à venda nas feiras.

Escultura cerimonial do Benin, século XVI.

Essa rede de arrecadação de impostos podia sustentar reinos e impérios. A prosperidade do reino de Gana, por exemplo, deveu-se à existência de grupos que lhe eram subordinados em troca de proteção contra seus rivais. O reino de Gana (séculos VI a XIII) foi estruturado ao norte do rio Senegal e mantinha-se com a agricultura de cereais, mas, principalmente, por meio da arrecadação de tributos nas rotas de comércio de ouro no Sudão Ocidental.

Quando chegaram ao continente africano, os europeus encontraram tanto aldeias isoladas quanto cidades bem estruturadas e impérios poderosos. Eram impérios, como o Mali, que tinham se consolidado ao longo de séculos e possuíam uma ordem social, política e econômica que lhes garantia poder e riqueza. Por tudo isso, não se pode estudar essa África tão grande e diversa como se os africanos fossem todos iguais. Neste livro, vamos concentrar nossa atenção nos povos africanos que, trazidos para o Brasil como escravos, mais influenciaram nossa história e cultura.

Máscara africana, sem data.

NAVEGANDO NOS RIOS RUMO AO DESERTO

O TRÁFICO de escravos em grandes navios foi a atividade comercial mais lucrativa na África entre os séculos XVI e XIX e movimentou os portos ao redor do oceano Atlântico. Esse tráfico transatlântico promoveu o povoamento do Brasil por pessoas vindas de diversas partes do continente africano. Quando a captura, compra e transporte de africanos escravizados para o Brasil se estruturou no século XVI, a maioria deles vinha da região da Senegâmbia, denominada Guiné pelos portugueses. Essa vasta região era ocupada por vários povos, como os jalofos, bambaras, fulas e mandingas, que muito antes da chegada dos europeus já formavam o poderoso império Mali. O apogeu do Mali ocorreu no século XIV, quando esse império se expandia desde as margens do deserto do Saara até o oceano Atlântico, ocupando as margens dos rios Senegal, Níger e Gâmbia.

Numa região entrecortada por rios, era a navegação que definia as interações entre os povos. Transações comerciais muito lucrativas aconteciam nas margens dos rios — onde eram trocados produtos como sal, ouro, ferro, cerâmica, aves e mesmo escravos capturados na guerra —, e essa rede fluvial podia ser conectada à navegação litorânea, ampliando as chances de deslocamento. Pelos rios também era possível se afastar da costa, navegar por passagens estreitas, contornar bancos de areia e alcançar lugares mais distantes no interior do continente, por onde passavam caravanas transportando ouro extraído das redondezas dos rios Senegal e Níger, assim como artesanato, peles de animais e alimentos. Essas trocas eram fundamentais para a circulação tanto de mercadorias quanto de arte, tradições e costumes dos diferentes povos. Por isso se diz que os rios Níger, Gâmbia e Senegal eram os principais caminhos da África Ocidental. Mas era justamente no interior do continente, nas rotas que atravessavam o deserto do Saara, que aconteciam os negócios mais lucrativos da região e encontros culturais muito intensos.

© WOLFGANG KAEHLER/CORBIS/LATINSTOCK

Tomboctu: grande centro urbano e cultural da África entre os séculos XII e XIX.

NAS ROTAS DO DESERTO DO SAARA, A CIRCULAÇÃO DE INFORMAÇÕES E RIQUEZAS

EM seu processo de expansão, o império Mali incorporou uma importante cidade em termos de desenvolvimento econômico e cultural, Tomboctu. Essa cidade foi um centro de saber muçulmano entre os séculos XII e XIX, ponto de descanso e reabastecimento dos caravaneiros, e chegou a abrigar algo em torno de 25 mil habitantes e dezenas de escolas. Conta-se que em Tomboctu existia um intenso comércio de livros, já que havia sempre peregrinos e fiéis dispostos a adquiri-los. Isto sem falar no comércio de ouro, ali negociado com a melhor moeda da época, o sal.

Tomboctu tornou-se importante graças à expansão do islamismo na África. Desde o século VII os árabes tinham forte influência sobre as populações africanas do norte do continente. Mas essa presença ficou mais evidente no final do século VIII, quando, partindo da região do Golfo Pér-

Carregador de sal na região do Saara.

sico e da Arábia, eles passaram a disseminar o islamismo pela força da palavra, do comércio e mesmo das armas: as guerras santas, ou *jihad*, eram destinadas a islamizar populações, converter líderes políticos e escravizar os "infiéis", ou seja, quem se recusasse a professar a fé em Alá.

Na África, os berberes foram os primeiros a se converter ao islamismo. As cáfilas, como ficaram conhecidas as grandes caravanas que percorriam o Saara, eram formadas principalmente por berberes islamizados. A adoção do camelo como principal meio de transporte também facilitou a expansão do Islã na África, porque possibilitou aos berberes percorrer grandes distâncias e suportar as duras condições da vida no deserto. As caravanas pareciam cidades em marcha. Guias, soldados, mercadores e centenas de camelos e escravos percorriam as trilhas. Transitar no deserto, além de muito cansativo por causa do calor e da escassez de água, era perigoso. A caravana podia ser surpreendida por tempestades de areia, perder-se entre dunas ou sofrer ataques de assaltantes.

Foi assim, seguindo a trilha desses comerciantes, que o islamismo ganhou adeptos na região sudanesa, na savana africana ao sul do deserto do

Saara. Enquanto comercializavam tecidos, barras de sal, contas, conchas e armas, esses comerciantes divulgavam o Alcorão, o livro sagrado do Islã.

Alguns povos, entretanto, não se tornaram muçulmanos, como os mandingas e os fulas, embora convivessem com populações islamizadas. Isso demonstra que os povos africanos já experimentavam em seus lugares de origem a convivência com diferentes crenças religiosas.

Quando os portugueses chegaram à foz do rio Gâmbia, o império Mali era muito poderoso, mas havia perdido para Songai o controle sobre várias rotas do lucrativo comércio transaariano, aquele que ocorria nas rotas do Saara. Talvez por isso, os africanos avaliaram que os portugueses seriam bons parceiros, compensando os prejuízos com seus negócios mais no interior do continente. De fato, por volta de 1460, o comércio entre os africanos do rio Gâmbia e os portugueses tornou-se bastante intenso. Entretanto, o fortalecimento dessa ligação enfraqueceu ainda mais o Mali, que perdia vínculos com caravaneiros que negociavam nas principais rotas do comércio transaariano.

DO INTERIOR DA ÁFRICA À COSTA DOS ESCRAVOS

Um importante porto de embarque de escravizados para o Brasil foi o Forte de São Jorge da Mina, uma construção portuguesa destinada ao comércio, situada numa área que os portugueses denominaram Costa dos Escravos. Muitos escravos da região do Congo e do distante reino do Benim também eram embarcados ali. Pode-se dizer que o reino do Benim corresponde, hoje, mais ou menos ao território da atual Nigéria. Os viajantes europeus que passaram por cidades desse reino no século XVI registraram ter visto ruas largas e compridas com casas feitas de barro e cobertas de palha. O líder do Benim era chamado Obá. Segundo a tradição, o primeiro Obá era filho de Ogané, rei de Ifé.

A principal atividade das populações subordinadas ao Obá era o comércio. Instalados entre a savana e a costa africana, eles vendiam e compravam desde peixe seco até tecidos, inclusive escravos. Escravizava-se quem era vencido em guerra, condenado pela justiça, e mesmo quem contraía dívidas e não as pagava. A escravidão, portanto, era uma prática que obedecia às regras da guerra e do convívio social. Isso quer dizer que não era exatamente o lucro com a venda de pessoas o que então a caracterizava. Só mais tarde, com o tráfico transatlântico, o comércio de pessoas tornou-se o principal e mais lucrativo negócio na África, como veremos no próximo capítulo.

No início, a força do comércio de escravos impulsionou o poder do Obá, que passou a controlar na região o fluxo de escravos fornecidos aos portugueses — ora, por exemplo, ele permitia que apenas mulheres fossem vendidas, ora aumentava o preço dos homens —, estendendo sua influência pelas populações estabelecidas ao longo do rio Níger. Entretanto, à medida que aumentava a demanda, subia de modo geral o preço dos escravos. A principal moeda de troca, os cauris — conchas brancas ou amareladas —, passou a ser substituída por produtos como tecidos e armas.

A chegada dos europeus ao continente africano teve consequências graves nas políticas internas dos reinos africanos. Muitos reinos aliaram-se aos europeus e especializaram-se no tráfico como forma de escapar ao próprio tráfico. Aliar-se ao inimigo era também, portanto, uma estratégia de sobrevivência. Outros, que não se ajustaram a esse tipo de comércio, foram vencidos e submetidos ao domínio colonial. A história do contato entre os portugueses e o reino do Congo é fundamental para entendermos as transformações sociais e políticas que ocorreram na África com o tráfico de pessoas para o trabalho escravo no Brasil.

EM FRENTE AO OCEANO ATLÂNTICO, DIANTE DOS EUROPEUS

NUM tempo em que navios eram os principais meios de transporte, os ventos e as correntes marítimas poderiam facilitar ou impedir o deslocamento de pessoas e produtos. O navegador Diogo Cão foi um dos favorecidos pelo conhecimento cada vez maior que os europeus tinham dos caminhos dos ventos e das marés. Em 1483, ele navegou na direção sul do continente e chegou à foz do rio Zaire, onde estava estabelecido o poderoso reino do Congo, formado por verdadeiras cidades que, por sua vez, reuniam grupos de aldeias. Rapidamente se espalhou entre os habitantes locais a notícia de que barcos enormes, que mais pareciam pássaros gigantescos, estavam se aproximando.

A novidade vinda do mar gerou inquietação entre a gente da região Congo-Angola, que compartilhava origem, línguas e formas de professar a religião. Acreditavam que entre o mundo dos vivos e dos mortos havia uma linha divisória, a Calunga. Daí que, quando alguém morria, seu espírito atravessava a fronteira entre a vida e a morte cruzando o oceano. Para eles, os homens brancos que desembarcaram com Diogo Cão podiam ser espíritos de antepassados voltando para casa.

O mani-sônio era governante da província litorânea do reino. A cidade real, Mbanza Congo, fica mais no interior. Na época da chegada de Diogo Cão, o líder dos congos era o manicongo Nzinga, que deve ter ficado bastante surpreendido com a presença daqueles brancos que diziam ter cruzado o oceano. Talvez por isso, em vez de mandá-los de volta a seus navios, manteve-os em seu palácio.

Assim, os mensageiros tiveram a oportunidade de saber que no reino do Congo a autoridade máxima era o manicongo. A economia estava assentada na atividade agrícola e pastoril, embora houvesse grandes mercados para o comércio de sal e produtos de ferro.

A princípio as relações entre os reinos do Congo e de Portugal pareciam vantajosas para ambos. O manicongo Nzinga julgou que acordos comerciais com os portugueses poderiam render-lhe lucros. O rei do Congo pretendia apropriar-se de conhecimentos, técnicas e até hábitos e costumes europeus para fortalecer ainda mais seu reino. Por isso, em 1489, enviou vários presentes e uma embaixada ao rei português, D. João II. Seu propósito era solicitar ao rei autorização para que rapazes africanos fossem educados na Europa e conseguir que fossem enviados ao Congo padres católicos, assim como mestres no ofício da carpintaria, pedraria e agricultura.

Já para D. João II, a aliança com Nzinga, inclusive convertendo-o ao catolicismo, era a oportunidade que esperava para fincar os pés naquela região da África. De fato, o manicongo, uma de suas esposas e um filho foram batizados numa igreja de pedra e cal erguida em 1491. Daquele dia em diante, ao rei do Congo foi dado o nome de D. João I; à sua mulher, Leonor, e ao seu filho, Afonso. É certo que houve quem se negasse a aderir ao catolicismo, entre eles outro filho do rei, Mpanzu a Kitima; mas este foi vencido por Afonso na disputa pela sucessão do trono — vitória facilitada pela ajuda militar portuguesa na forma de cavalos e armas.

Além de propagar o catolicismo, D. Afonso sempre se mostrava interessado em aproximar os reinos do Congo e de Portugal por meio dos costumes, língua, ensino e conhecimento tecnológico. Contudo, ao fim de décadas de negociação, os portugueses não tinham honrado o compromisso de ensinar-lhes como construir grandes barcos a vela, tampouco moinhos e veículos de roda. As novidades ficaram restritas ao cultivo de milho, mandioca, batata-doce e amendoim vindos da América. Em contrapartida, além do auxílio militar, sempre que necessário D. Afonso contou com a população de seu reino para incrementar o comércio do cobre, trocado por mercadorias europeias que, por sua vez, eram repartidas entre os chefes do reino. Esses chefes faziam o mesmo com os líderes das aldeias, que também dividiam com os líderes de grupos familiares. Desse modo estava assegurada uma rede de lealdade capaz de sustentar o poder do rei, que governou entre 1506 e 1543.

Aos poucos, porém, o controle dos negócios foi escapando das mãos reais. Driblando sua vigilância, administradores provinciais começaram a negociar com os portugueses sem qualquer intermediação. Ironicamente, quanto mais as elites do Congo desejavam os produtos europeus, como queria D. Afonso, mais risco corria seu reinado, porque os portugueses se fortaleciam dentro do próprio reino. E assim começou a ruir um dos mais estáveis reinados da África Centro-Ocidental. Até que em 29 de outubro de 1665 os portugueses derrotaram o exército do rei do Congo na batalha de Ambuíla.

Enquanto isso, a procura por produtos europeus crescia de tal modo que cobre e peles já não eram suficientes para saldar as dívidas com os comerciantes portugueses. A partir de então, ganhou espaço nas transações entre chefes africanos e exploradores europeus a compra e venda de pessoas.

CAPÍTULO 2

A ÁFRICA QUE CHEGA AO BRASIL

O desembarque dos primeiros africanos na terra que mais tarde se chamaria Brasil deu-se no contexto da expansão comercial europeia ao longo dos séculos XV e XVI. Com o aprimoramento das técnicas de navegação, os europeus conseguiram abrir novas rotas através do oceano Atlântico e entrar em contato com povos e regiões até então desconhecidas, como as Américas e a África Subsaariana. Foi assim que os portugueses chegaram ao Brasil, em 1500. O contato com populações nativas foi se intensificando, e em meados do século XVI já estava em formação uma grande rede de intercâmbio ligando a Europa, as Américas e a África.

O interesse que movia os portugueses era o comércio, mas ao lado disso trocas culturais também ocorreram, já que eles tanto influenciaram como foram influenciados pelas maneiras de viver e pensar dos povos com os quais entraram em contato. Com os indígenas do litoral brasileiro, os portugueses aprenderam técnicas de cultivo, conheceram ervas usadas para cura, modificaram seus hábitos alimentares e incorporaram à dieta alimentar a mandioca e frutos nativos.

Já sabemos que na África os portugueses encontraram reinos poderosos, cidades e redes comerciais extensas ligando o litoral ao interior mais distante. Nessas rotas de comércio, os portugueses aproveitaram para vender produtos europeus e adquirir dos africanos produtos diversos, como ouro, marfim, couro, especiarias e escravos. Antes da chegada deles já havia um comércio de escravos na África, mas esse comércio modificou-se bastante. Com a crescente demanda por gente para trabalhar nas lavouras de cana, algodão e tabaco nas Américas, o tráfico de gente passou a ser o negócio mais lucrativo na África. Reinos africanos se especializaram na guerra com o fim de fornecer cativos aos europeus e controlar as rotas desse comércio.

Não se sabe ao certo, mas calcula-se que, entre o século XVI e meados do século XIX, mais de 11 milhões de homens, mulheres e crianças africanos foram transportados para as Américas como escravos. Esse número não inclui os que não conseguiram sobreviver ao processo violento de captura na África e aos rigores da grande travessia atlântica. A maioria dos cativos, cerca de 4 milhões, desembarcou em portos do Brasil. Por isso, nenhuma

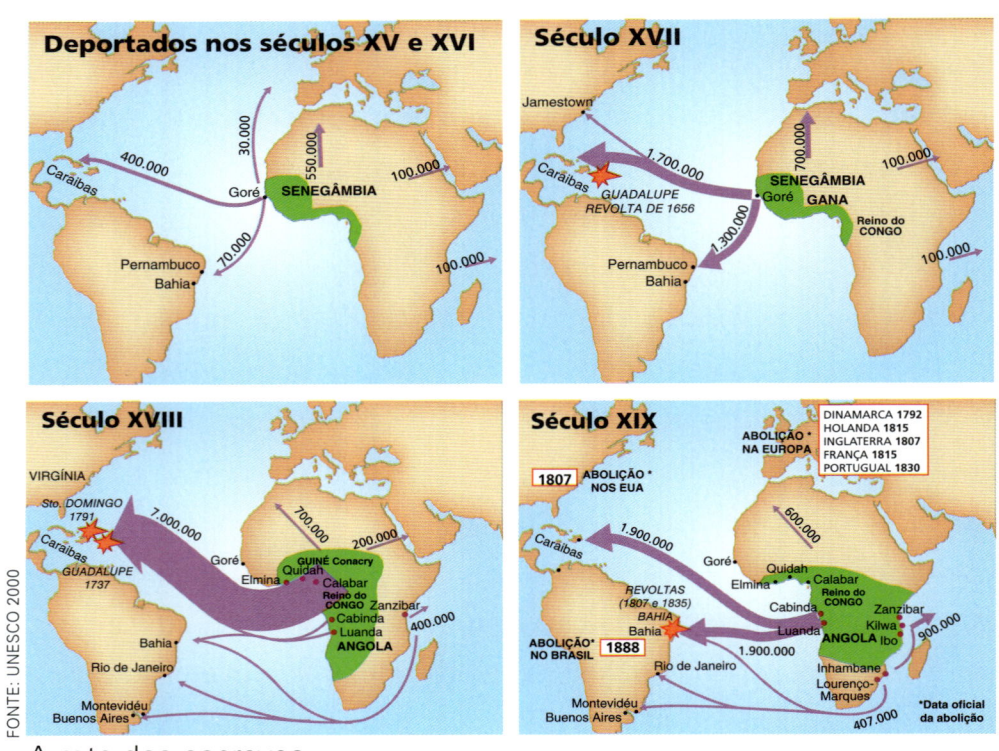

A rota dos escravos

Interior do moinho da Fazenda Caraúnas, Pernambuco. In: *A travessia da Calunga Grande.*

outra região americana esteve tão ligada comercialmente e culturalmente ao continente africano como esse país. O dramático deslocamento forçado, por mais de três séculos, uniu para sempre o Brasil à África.

A retirada violenta de africanos de suas comunidades e a escravidão em terras distantes foram as soluções encontradas pelas potências coloniais europeias para povoar e explorar as riquezas tropicais e minerais das colônias nas Américas. E a migração transatlântica forçada foi a principal fonte de renovação da população cativa no Brasil, especialmente nas áreas ligadas à agricultura de exportação, como cana-de-açúcar. Diante das péssimas condições de vida e maus-tratos, a população escrava não crescia na mesma proporção da população livre. A maioria das crianças morria nos primeiros anos de vida, e os adultos morriam muito cedo. Além dos que morriam, o tráfico funcionava para substituir os que conseguiam a alforria ou fugiam para os quilombos. Assim, havia necessidade constante de buscar mais e mais africanos para trabalhar nos engenhos e nas minas.

© BIBLIOTECA NACIONAL, RJ

Desembarque de escravos, Johann Moritz Rugendas.

Os europeus justificavam o tráfico como instrumento da missão evangelizadora dos africanos. Em meados do século XVII, o padre Antônio Vieira considerava o tráfico um "grande milagre" de Nossa Senhora do Rosário, pois em sua visão, ao serem retirados da África pagã, os negros teriam chances de salvação da alma no Brasil católico. No século XVIII, os europeus acrescentariam à justificativa religiosa a ideia de que os africanos precisavam ser civilizados. Na verdade, o tráfico fazia parte de uma grande cruzada contra os povos não católicos da África, mas antes de tudo era um grande negócio que movimentava riqueza nas duas margens do Atlântico.

A TRAVESSIA ATLÂNTICA

Os africanos capturados no interior da África eram obrigados a percorrer longas distâncias até alcançar os portos de embarque no litoral, e muitos não resistiam à longa caminhada, às doenças e aos maus-tratos.

Nos portos eram alojados em grandes barracões ou em cercados, onde permaneciam muitos dias e até meses à espera que as cargas humanas dos navios fossem completadas e assim partissem para um mundo completamente desconhecido. Nesse período de espera, muitas pessoas morriam, pois as construções onde ficavam instaladas eram insalubres, mal ventiladas e pequenas. Houve período em que cerca de 40% dos negros escravizados morriam ainda em solo africano. Por isso, os envolvidos no tráfico sabiam que os cativos não deviam permanecer muito tempo nos portos de embarque. Além das perdas por doenças, temiam que a concentração de escravos nos barracões facilitasse as revoltas.

Completado o número de escravos a serem transportados, os africanos eram levados para os navios negreiros, também chamados tumbeiros — referente a tumba, local onde eram depositados os mortos. Antes de entrar nas embarcações, eles eram marcados a ferro quente no peito ou nas costas com sinais que identificavam a que traficante pertenciam, uma vez que em cada barco viajavam escravizados pertencentes a diferentes donos. No interior das embarcações, por segurança, os cativos eram postos a ferros até que não se avistasse mais a costa africana. As condições das embarcações eram precárias: para garantir alta rentabilidade, os capitães só zarpavam da África com número máximo de passageiros. O número de cativos embarcados em cada navio dependia da capacidade de suas instalações. Nos séculos XVI e XVII, uma caravela portuguesa era capaz de transportar cerca de 500 cativos, e um pequeno bergantim podia transportar até 200. Nos últimos anos do tráfico, a média de escravos transportados por navio era de 350.

> **Relato do africano Mahommah G. Baquaqua em 1854**
>
> *Quando estávamos prontos para embarcar, fomos acorrentados uns aos outros e amarrados com cordas pelo pescoço e assim arrastados para a beira do mar. O navio estava a alguma distância da praia. Nunca havia visto um navio antes e pensei que fosse algum objeto de adoração do homem branco. Imaginei que seríamos todos massacrados e que estávamos sendo conduzidos para lá com essa intenção. Temia por minha segurança e o desalento se apossou quase inteiramente de mim.*
>
> *Uma espécie de festa foi realizada em terra firme naquele dia. Aqueles que remaram os barcos foram fartamente regalados com uísque e, aos escravos, serviam arroz e outras coisas gostosas em abundância. Não estava ciente de que esta seria minha última festa na África. Não sabia do meu destino. Feliz de mim que não sabia. Sabia apenas que era um escravo, acorrentado pelo pescoço, e devia submeter-me prontamente e de boa vontade, acontecesse o que acontecesse. Isso era tudo quanto eu achava que tinha o direito de saber.*
>
> **Fonte: Biografia de Mahommah Baquaqua, *Revista Brasileira de História,* vol. 8, n. 16 (1988), p. 269-284.**

Os comerciantes tinham interesse em transportar o maior número possível de escravos nos navios, e essa prática tornava a viagem insuportável. Muitas vezes, aumentar o número de cativos implicava diminuir a quantidade de víveres disponível para cada um. Geralmente os escravos eram alimentados uma vez por dia. Em 1642, um holandês que atuava no tráfico em Luanda informou que os mercadores portugueses costumavam alimentar seus escravos com azeite e milho cozido. A pouca ingestão de água durante a viagem geralmente provocava disenterias e desidratação. Além da fome e da sede, havia o sofrimento por ter deixado para trás parentes e amigos, com pouca chance de voltar a revê-los.

No século XVII, a travessia de Angola para Pernambuco durava em média trinta e cinco dias, quarenta até a Bahia e cinquenta até o Rio de

Mulheres no mercado, Marc Ferrez, c. 1875, Coleção Gilberto Ferrez.

Janeiro. No século seguinte, o uso de embarcações menores e mais velozes diminuiu a duração das viagens. Se os ventos não fossem favoráveis, essas viagens podiam durar mais tempo. Nesse caso, o drama dos cativos se agravava pela falta de água e alimentos suficientes e pela propagação de moléstias. Mesmo que rápida, a travessia era infinitamente penosa para os cativos.

Negra na Bahia,
Marc Ferrez, c. 1884.

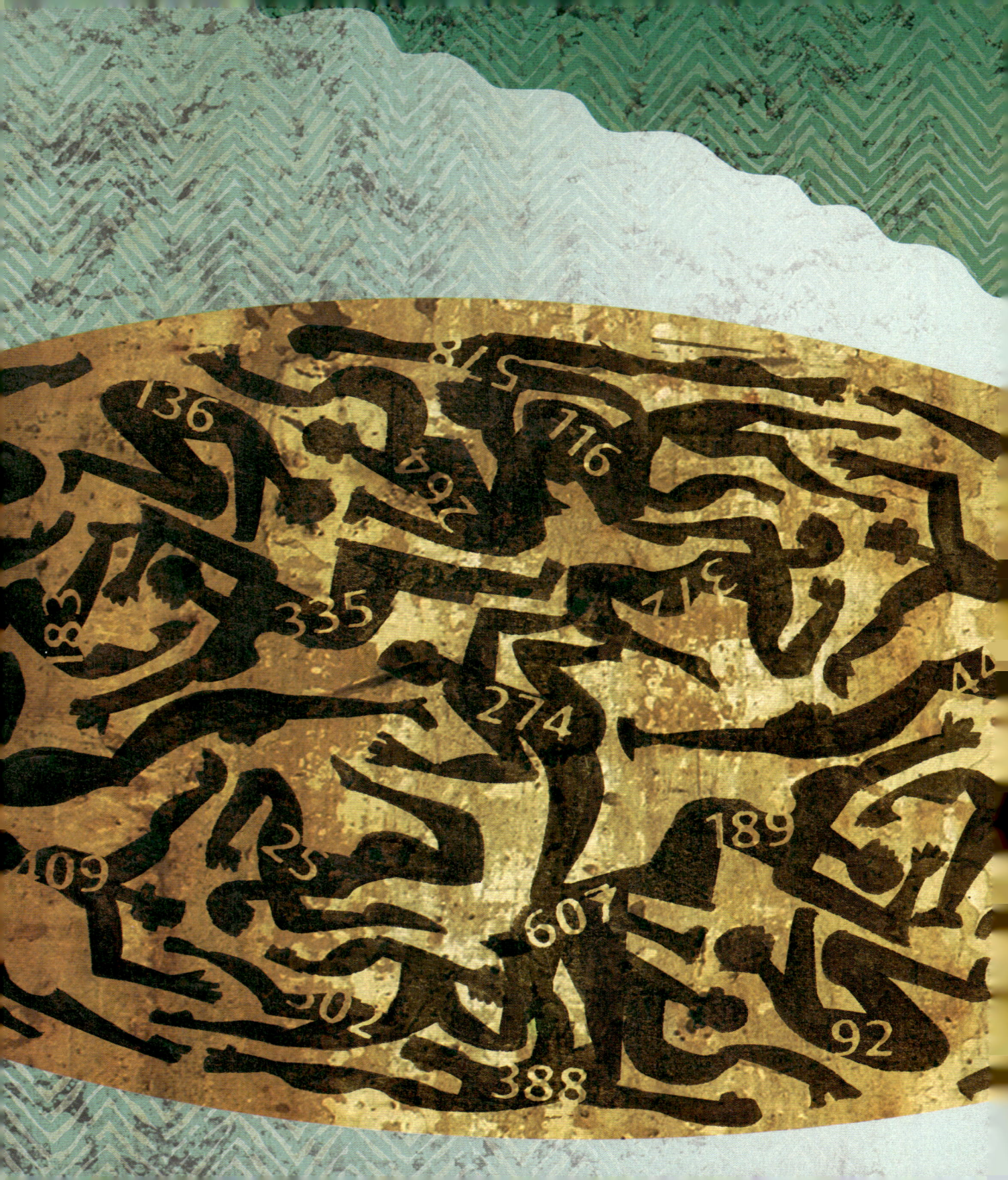

Descrição do interior de um navio negreiro por Mahommah G. Baquaqua em 1854

Fomos arremessados, nus, porão adentro, os homens apinhados de um lado e as mulheres do outro. O porão era tão baixo que não podíamos ficar em pé, éramos obrigados a nos agachar ou a sentar no chão. Noite e dia eram iguais para nós, o sono nos sendo negado devido ao confinamento de nossos corpos. Ficamos desesperados com o sofrimento e a fadiga.

Oh! A repugnância e a imundície daquele lugar horrível nunca serão apagadas de minha memória. Não: enquanto a memória mantiver seu posto nesse cérebro distraído, lembrarei daquilo. Meu coração até hoje adoece ao pensar nisto.

Fonte: Biografia de Mahommah Baquaqua, op. cit.

Negros no porão de navio negreiro, Johann Moritz Rugendas.

No interior dos navios negreiros, mudanças culturais significativas começavam a ocorrer. Ao longo da angustiante travessia, os cativos estabeleciam laços de amizade — laços que geravam profunda solidariedade e verdadeiras obrigações de ajuda mútua, o que iria influenciar bastante a vida dos africanos no Brasil. Chamavam-se "malungos" uns aos outros. Malungo significava companheiro de travessia.

Em meio à dor da separação dos parentes e amigos que tinham ficado na África, os africanos percebiam que seus companheiros de viagem vinham de lugares diferentes, muitos falando línguas estranhas, cultuando deuses diferentes. Isso porque o tráfico terminou colocando em contato povos de diversos lugares da África. Daí se dizer que a África foi também redescoberta no Brasil pelos africanos.

Ao desembarcarem em portos do Brasil, os africanos eram expostos à venda nos mercados das grandes cidades brasileiras: Rio de Janeiro, Salvador, Recife, Fortaleza, Belém e São Luís. E dali eram redistribuídos para regiões mais distantes do litoral. Ao chegar às fazendas e entrar em contato com pessoas de diversas partes da África e com gente nascida no

Brasil, eles percebiam que para sobreviver seria preciso criar vínculos e redes de amizade tanto com outros africanos como com os brasileiros. Nesse contato influenciavam profundamente as formas de viver e sentir das populações locais.

AS MUITAS ÁFRICAS QUE VIERAM PARA O BRASIL

O TRÁFICO transatlântico promoveu o povoamento do Brasil com gente vinda de várias regiões do continente africano. A metrópole portuguesa adotou a política de misturar escravos de diferentes lugares e povos africanos para impedir a concentração de negros da mesma origem na colônia — solidários na cultura e falando a mesma língua, poderiam se rebelar mais facilmente. Mas a origem dos africanos traficados dependia das conexões comerciais mantidas pelos traficantes portugueses, brasileiros e africanos, de um e outro lado do Atlântico. Assim, aos portos do Brasil podiam, por vezes, e em certos períodos, chegar maior número de pessoas de uma mesma região, que falavam a mesma língua e tinham costumes parecidos.

No século XVI, os escravos trazidos para o Brasil vinham da região da Senegâmbia, denominada Guiné pelos portugueses. Dali os portugueses deportaram membros de vários povos, como os manjacas, balantas, bijagos, mandigas, jalofos. Mas, no decorrer daquele século até a primeira metade do século XVIII, os chefes políticos e mercadores da África Centro-Ocidental, em particular o território presentemente ocupado por Angola, forneceram a maior parte dos escravos utilizados em todas as regiões do Brasil. A célebre frase do padre Antônio Vieira, "quem diz açúcar, diz Brasil e quem diz Brasil diz Angola", ilustra muito bem as ligações da mais rica colônia portuguesa na América com aquela região da África. Luanda, Benguela e Cabinda destacavam-se como os principais portos de embarque.

Enquanto durou o tráfico, importantes áreas importadoras, como Rio de Janeiro, Bahia, Pernambuco e São Paulo, abasteciam-se de escravos vindos da região de Angola. Os chamados angolas (em geral traficados através do porto de Luanda) e os benguelas (traficados através de entrepostos situados mais ao sul na atual Angola) predominaram no tráfico destinado ao sul e sudeste brasileiros no século XIX. Outro importante grupo era identificado como cabinda. Eram escravos embarcados no porto de Cabinda, ao norte da foz do rio Zaire.

Embora a África Central Atlântica constituísse a principal área exportadora de pessoas para o sudeste brasileiro, cativos de outras regiões africanas também vieram aí parar. Muitos africanos da região do Golfo do Benim entraram nas províncias do Rio de Janeiro, Minas Gerais, São Paulo, e Rio Grande do Sul pelo tráfico interno. Depois de 1815, quando os ingleses intensificaram seus esforços para acabar com o tráfico transatlântico, os traficantes do Rio de Janeiro concentraram suas operações na costa oriental, na região que abrange o que são hoje o sul da Tanzânia, o norte de Moçambique, Malauí e o nordeste de Zâmbia. Os escravos da costa oriental da África eram aqui conhecidos como "moçambiques".

Os traficantes envolvidos no comércio baiano, responsáveis pelo suprimento de escravos para várias regiões nordestinas, a partir de meados do século XVIII e até o fim do tráfico, em 1850, concentraram-se sobretudo no comércio com a região do Golfo do Benim, sudoeste da atual Nigéria. Através do Golfo, os traficantes baianos importaram escravos aqui denominados dagomés, jejes, haussás, bornus, tapas, iorubás (chamados também nagôs), entre outros. Esses grupos eram embarcados principalmente nos portos controlados pelo antigo Daomé (Jaquin, Ajudá, Popo e Apá), e mais tarde Onim (Lagos), controlado por negociantes iorubás.

Geralmente, os traficantes classificavam os africanos que chegavam ao Brasil pelos portos de onde tinham sido embarcados na África. Por

Escravas de diferentes nações, Jean-Baptiste Debret.

exemplo, os africanos embarcados nos portos de Cabinda e Benguela eram classificados como pertencentes a nações com esses nomes. Essas nomeações podiam então ocultar a identidade original de dezenas de nações. Entre os chamados cabindas, por exemplo, podiam-se encontrar povos diversos, como os nsundis, monjolos e gabões, todas elas nações que viviam ao longo do vale do rio Zaire.

O fato de morar numa mesma região, falar a mesma língua e pertencer a uma mesma nação foi fundamental para a sobrevivência de africanos no Brasil — desse modo, eles puderam reconstruir redes de amizade, famílias e comunidades. Mas isso não impediu que africanos vindos de lugares diferentes da África se relacionassem e criassem novas alianças. As adversidades da escravidão muitas vezes favoreceram a união de povos divididos na África por antigas rivalidades. A multiplicidade de povos com línguas e crenças diferentes fez do Brasil um espaço privilegiado de convergência de tradições africanas diversas que ainda hoje continuam, umas mais que outras, a moldar e colorir culturalmente o país. Vejamos a seguir como isso se deu.

© COLEÇÃO PARTICULAR

Colheita de café, Marc Ferrez, c.1882.

O POVOAMENTO DO BRASIL ATRAVÉS DO TRÁFICO

POR meio do tráfico africano, os portugueses puderam colonizar o território que mais tarde passaria a se chamar Brasil. Sem a participação dos africanos, dificilmente os portugueses teriam conseguido ocupar as terras descobertas no processo de expansão marítima. No século XVI, não havia população suficiente em Portugal para levar à frente a ocupação da colônia. Foi pela importação maciça de africanos que os portugueses conseguiram defender o território da cobiça de outras potências coloniais, que também tinham planos para ocupar e explorar as riquezas tropicais aqui encontradas.

Foram os africanos e seus descendentes, juntamente com os indígenas escravizados, que desbravaram matas, ergueram cidades e portos, atravessaram rios e abriram estradas que conduziam aos locais mais remotos do território. Na marcha para o interior, guerrearam com povos indígenas que se opunham ao avanço colonizador ou se associaram aos nativos quando fugiam para a mata para formar quilombos. Eram também os escravos que conduziam tropas e carretos que tornaram possível o intercâmbio entre o interior e as cidades litorâneas.

Desde meados do século XVI, grande número de africanos desembarcou em cidades litorâneas como Salvador, São Vicente (São Paulo), Rio de Janeiro e Recife. A partir desses primeiros núcleos de povoamento, a ocupação avançou para o interior, seguindo direções diversas. No século XVIII, deu-se a ocupação das margens do rio São Francisco, estabelecendo ali uma área extensa de criação de gado.

Na primeira metade do século XVIII, quando colonizadores avançaram para o Mato Grosso em busca de ouro, além de instrumentos de mineração levaram escravos africanos. Por certo, para explorar o ouro da superfície do solo, eles contaram com os conhecimentos e técnicas de extração praticadas havia milênios pelos africanos em seu continente de origem. Como muitas lavras situavam-se em Cuiabá e seus arredores, a vila rapidamente acumulou densa população escrava. Em 1726, como todos os centros urbanos coloniais, a vila ganhou seu pelourinho, símbolo do poder municipal e local onde publicamente se castigavam escravos. Ali, o trabalho escravo tornou-se tão importante que um dos impostos cobrados pela Coroa portuguesa, a capitação, baseava-se na quantidade de escravos que os mineiros possuíam.

Levados pela busca do ouro, pela criação de gado e pela exploração das "drogas do sertão", os colonizadores reproduziram nos novos núcleos de povoamento do interior o mesmo modelo escravista praticado nas regiões litorâneas. Foi na condição de escravos que africanos e seus descendentes chegaram aos locais mais remotos da colônia. Mas, para além dos limites da escravidão, os africanos foram atores culturais importantes e influenciaram profundamente as formas de viver

Preparação da raiz de mandioca, Johann Moritz Rugendas.

e de sentir das populações com quem passaram a interagir no Novo Mundo.

Os europeus trouxeram os africanos para trabalhar e servir nas grandes plantações e nas cidades, mas eles e seus descendentes fizeram muito mais que plantar, explorar as minas e produzir riquezas materiais. Tiveram um papel civilizador, foram ativos, criadores, visto que transmitiram à sociedade em formação elementos valiosos de sua cultura. Nos engenhos, os escravos aprenderam e aperfeiçoaram técnicas de fabrico e tornaram-se mestres de açúcar famosos. Muitas das práticas da criação de gado eram de origem africana. Também os instrumentos usados pelos ferreiros. As técnicas de mineração do ferro no Brasil foram criadas e aperfeiçoadas pelos africanos. Isso mostra que o escravismo não se beneficiou apenas das mãos e dos braços dos cativos; explorou também sua inteligência e criatividade.

Foram as mulheres forras e livres que se ocupavam no pequeno comércio ambulante que levaram para as ruas o acarajé, o abará, o vatapá, o caruru, o arroz-de-auçá, o acaçá e outras iguarias da culinária afro-brasileira. Muitas compraram a alforria própria ou de familiares com o dinheiro ganho nesse comércio de rua. Nas praças das grandes e pequenas cidades do império, quituteiras negras montavam seus tabuleiros trazendo mocotós, mingaus, canjicas, rolete de cana, queimados e muitas outras receitas que mais tarde foram incorporadas à cozinha brasileira. Dos africanos a culinária brasileira incorporou o azeite-de-dendê, a pimenta malagueta e o quiabo. Os afro-brasileiros fizeram também invenções importantes, a partir das culinárias africanas e europeias depois incorporadas à culinária nacional. Mulheres negras também ficaram famosas exercendo o ofício de parteiras. No Brasil antigo, foi grande o número de crianças, negras e brancas, que vieram ao mundo nos braços de parteiras negras.

Entre os africanos podiam-se encontrar pessoas que falavam línguas diversas, como os bacongos e mbundos, idiomas de povos que habitavam a região que corresponde à atual Angola. Essas línguas africanas iriam mais tarde influenciar o português falado no Brasil. Com os africanos a língua portuguesa não apenas incorporou novas palavras, como ganhou maior espontaneidade e leveza. Enfim, podemos afirmar que o tráfico fora feito para escravizar africanos, mas terminou também africanizando o Brasil.

CAPÍTULO 3

OS AFRICANOS E SEUS DESCENDENTES NA FORMAÇÃO CULTURAL DO BRASIL

Depois da longa travessia atlântica e do desembarque em algum porto das grandes cidades do Brasil, os africanos logo percebiam que sobreviver era o grande desafio que tinham pela frente. Dali por diante teriam de conviver com o trauma do desenraizamento das terras dos ancestrais e com a falta de amigos e parentes que tinham deixado do outro lado do Atlântico, além das péssimas condições de vida.

Essa experiência dolorosa do desenraizamento marcaria para sempre suas vidas, mas a memória da África continuaria presente em tudo o que fariam no Brasil. A memória da África marcaria para sempre a musicalidade, os sentimentos, a forma de vestir, alimentar-se, divertir-se, criar os filhos, de se relacionar com o sagrado, de celebrar a vida e lidar com a morte e, sobretudo, de relacionar-se com as populações indígenas e ibéricas.

© BIBLIOTECA NACIONAL, RJ

Enterramento de um rei negro, Jean-Baptiste Debret.

É importante, porém, perceber que a participação dos povos africanos na formação da cultura brasileira se deu inicialmente no contexto da escravidão. Viver sob a escravidão impunha muitas limitações, pois significava submeter-se à condição de propriedade de outra pessoa. Como escravo, a pessoa podia ser vendida, comprada, permutada como mercadoria. Significava, sobretudo, ser submetido ao domínio de seus senhores e trabalhar de sol a sol nas mais diversas ocupações.

Por mais de trezentos anos (entre meados do século XVI e final do século XIX), a maior parte da riqueza produzida para ser consumida no Brasil ou exportada foi fruto da exploração do trabalho escravo. As mãos escravas extraíram ouro e diamantes das minas, plantaram e colheram cana, café, cacau, algodão e outros produtos tropicais de exportação. Os escravos também trabalhavam na agricultura de subsistência, na criação de gado, na produção de charque, nos ofícios manuais e nos serviços domésticos. Nas cidades, eram eles que se encarregavam do transporte de objetos e pessoas e constituíam a mão de obra mais numerosa empregada na construção de casas, pontes, fábricas, estradas e diversos serviços urbanos. Eram também responsáveis pela distribuição de alimentos, como vendedores ambulantes e quitandeiras, que povoaram as ruas das grandes e pequenas cidades brasileiras.

Habitação de negros, Johann Moritz Rugendas.

© MUSEU CASTRO MAIA– IPHAN/MINC

Mercado da rua do Valongo, Jean-Baptiste Debret.

Por isso, o número de cativos foi sempre representativo no conjunto da população brasileira, sobretudo nas regiões que exportavam gêneros tropicais. No início do século XIX, o Brasil tinha uma população de 3.818.000 pessoas, das quais 1.930.000 eram escravas. Em algumas partes do país, o número de escravos chegou a superar o de pessoas livres. Em 1872, no município de Campinas, São Paulo, então grande produtor de café, a população escrava era de 13.685 pessoas, enquanto a livre era de 8.281 pessoas. Até meados daquele século, quando foi abolido o tráfico, a maior parte dos escravos era nascida na África.

A escravidão significou também dominação cultural, uma vez que os colonizadores fizeram de tudo para obrigar os africanos a esquecer seu passado, suas referências religiosas, familiares, seus costumes e sua maneira de viver e de pensar. A intenção era, sobretudo, apagar a lembrança da condição de liberdade na África. Nisso residia o aspecto mais dramático e violento da escravização dos africanos nas Américas, pois tudo que tinham aprendido e vivenciado em sua terra passou a ser reprimido. No entanto, os africanos e seus descendentes resistiram a esse processo de dominação mantendo vivas as memórias da África. No Brasil, elementos da cultura africana misturaram-se com elementos culturais das populações indígenas e de origem europeia. É interessante notar que, com o tempo, os próprios colonizadores terminaram incorporando referências africanas em seu modo de viver e sentir.

Logo que chegavam às fazendas, os africanos começavam a aprender com os escravos mais antigos os rudimentos da língua portuguesa, sobretudo os que fossem necessários para entender as ordens do senhor e do feitor. Senhores e feitores ensinavam também tarefas, impunham disciplina e formas de deferência. Mas com o tempo os africanos e seus descendentes foram alargando o conhecimento da língua e introduzindo novas palavras e novas entonações ao português falado no Brasil. Isso foi importante para enriquecer a língua com palavras e expressões próprias. *Dengo, caçula, canga, mulambo, mandinga, moleque, caçamba, banzo, cachimbo* e outras mais são palavras africanas incorporadas ao português do Brasil.

Para enfrentar as difíceis condições de sobrevivência no cativeiro, os africanos e seus descendentes incorporaram tradições católicas de compadrio, aproximando-a da noção de família ampliada que existia na África. Assim, além de pais e filhos, as famílias incluíam parentes de consideração e parceiros de trabalho, padrinhos e madrinhas, afilhados e afilhadas, compadres e comadres. Ao ser batizado na igreja, o escravo passava a ter um padrinho e uma madrinha que assumiam responsabilidades quase idênticas às dos pais. Principalmente, o padrinho tinha a obrigação de dar assistência ao afilhado, ajuda espiritual e material. Se fosse livre e de alguma posse, o padrinho tinha obrigação moral de pagar pela alforria do afilhado. Essa família ampliada baseada no compadrio continua ainda hoje a marcar as relações familiares do Brasil.

CATOLICISMO AFRO-BRASILEIRO

CULTURA também diz respeito às formas como os indivíduos e os grupos sociais estabelecem relações, constroem e mantêm vínculos. Daí ser importante pensarmos as instituições religiosas também como lugares de cultura, ou seja, espaços em que são estabelecidas normas de comportamento, formas de solidariedade e concepções de mundo.

Dito isso, é importante observar que muitos africanos eram batizados quando desembarcavam nos portos brasileiros e ali mesmo recebiam nomes cristãos, como João, José, Maria etc. Mas os senhores cuidavam de reforçar os ensinamentos da Igreja com a contratação de padres que periodicamente iam às fazendas para rezar missas, batizar as crianças que nasciam, celebrar casamentos e pregar a fé católica. Em geral, porém, esses atos de imposição do catolicismo não deram os resultados desejados pelos senhores e pelos padres. A adesão dos africanos era apenas superficial; no máximo decoravam algumas orações para se verem livres dessas imposições. A adoção do catolicismo, principalmente o culto dos santos e santas, dera-se por escolhas feitas pelos próprios africanos de acordo com suas referências religiosas na África.

Para os africanos, o culto a determinados santos e santas tinha íntima relação com concepções religiosas existentes na África. Isso explica, por exemplo, a popularidade de Santo Antônio entre a população negra, tanto escrava quanto liberta, de várias regiões do Brasil no século XIX. O culto dos negros a esse santo, conhecido especialmente por sua capacidade de curar doenças, encontrar objetos perdidos e trazer fecundidade (promover casamentos), muito se assemelha a concepções religiosas de povos da África Central, que acreditavam que para alcançar a felicidade e combater a ação dos espíritos malignos era preciso recorrer a um líder religioso. Os poderes divinos de Santo Antônio muito lembravam as características dos sacerdotes africanos que cuidavam da saúde mental e corporal das comunidades.

Iniciado no catolicismo na África ou no Brasil, o escravo africano ou crioulo dotou a religião dos portugueses de ingredientes de tradições religiosas africanas, especialmente música e dança. Era um catolicismo cheio de festas, de muita comida e bebida, de intimidades com santos, tal qual a relação dos africanos com seus orixás, voduns e outras divindades. As promessas de santos, pagas com missas, tinham função semelhante à das oferendas que acompanhavam pedidos feitos aos deuses e outras entidades espirituais africanas. Ainda hoje, a muitos santos católicos oferece-se comida, bebida e roupas — é o caso dos santos gêmeos Cosme e Damião — como forma de retribuir graças alcançadas, por exemplo o restabelecimento de alguma doença ou a concretização de alguma promessa. Para homenagear santos de sua devoção, os negros organizavam grandes festas em suas irmandades. Foi assim que muitos escravos africanos se aproximaram do catolicismo sem que fossem forçados pelos senhores.

As autoridades da Igreja católica reconheciam a participação dos escravos na religião por meio das irmandades. A presença de negros nas irmandades católicas era algo até incentivado e desejado pela Igreja. No século XVI, a Irmandade de Nossa Senhora do Rosário, instalada no Mosteiro de São Domingos, em Lisboa, aceitava africanos convertidos ao catolicismo. As irmandades negras apareceram no Brasil em fins do século XVII, quando o número de africanos já era grande.

Nas irmandades negras existiam pessoas de condições diversas, homens e mulheres livres, alforriados (também chamados de forros ou libertos) e escravos. Muitas reuniam indivíduos vindos de uma mesma região da África. Mas havia irmandades que reuniam negros africanos e negros nascidos no Brasil, estes últimos chamados de crioulos. Por exemplo, no Rio de Janeiro, a irmandade de São Benedito dos Homens Pretos reunia

© ADENOR GONDIN

Irmandade de Nossa Senhora da Boa Morte em desfile pelas ruas de Cachoeira, Bahia.

negros angolas e crioulos. Da mesma forma, em Salvador, a Irmandade do Rosário das Portas do Carmo, fundada em 1685 provavelmente por angolanos, também admitia crioulos.

Em muitas irmandades, a diretoria escolhia o "rei" e a "rainha" do ano, que eram coroados no dia em que se celebrava o santo patrono. Os santos mais populares eram Nossa Senhora do Rosário, São Benedito e Santa Ifigênia. As festas organizadas pelas irmandades em homenagem aos santos padroeiros eram grandiosas e costumavam reunir centenas de pessoas dentro e em volta das igrejas. As novenas e procissões aconteciam em meio a muita dança, batuques, fogos de artifício e barracas onde se bebia e se comia. A festa era o momento de reunir todos os irmãos, reforçar os laços de solidariedade e angariar fundos para assistência aos necessitados.

Algumas confrarias negras eram tão prósperas que chegaram a ter igreja própria no centro das grandes cidades. As mais pobres ocupavam um altar secundário no interior dos conventos ou dentro das igrejas paroquiais, dividindo espaço com outras irmandades negras e brancas.

Descrição de uma festa de irmandade feita por um viajante europeu, príncipe Maximiliano de Habsburgo, quando em visita à Bahia em 1860.

Na praça e em volta da igreja [do Bonfim] havia um movimento confuso de feira. Negros nos mais coloridos e berrantes trajes de festa empurravam-se e corriam, com barulho e gritos estridentes. Carruagens de senhoras em romaria ou carregando gente curiosa da cidade procuravam dirigir-se para o terraço da igreja, através da maré humana, como barcos em ondas impetuosas. Caixas de vidro cheias de comestíveis pairavam, ousadamente, sobre a multidão. Pequenos grupos fornecedores de cachaça formavam as ilhas, no mar de pessoas. Um palanque, semelhante àquele erigido para o Imperador, na praça do Teatro, anunciava coisas maravilhosas para a tarde que se aproximava.

Fonte: Maximiliano de Habsburgo, *Bahia, 1860*: **esboços de viagem. Rio de Janeiro: Tempo Brasileiro; Bahia: Fundação Cultural do Estado da Bahia, 1982, p. 128.**

Além do culto católico, o objetivo principal da irmandade era promover a ajuda mútua, socorrer os irmãos em dificuldades, principalmente as escravas e escravos incapacitados e abandonados pelos senhores. Entre as razões mais importantes para participar das irmandades estava a de garantir um funeral decente e enterro em local consagrado para si e para seus familiares. Algumas irmandades negras emprestavam dinheiro para a compra da alforria de irmãs e irmãos escravos.

As irmandades eram espaço onde se reforçavam os laços de solidariedade, ao mesmo tempo que propiciavam a recriação de tradições da África. Nelas, além de aprender a doutrina cristã, os africanos tinham oportunidade de conviver com outros africanos que falavam a mesma língua e compartilhar lembranças da terra natal sem serem reprimidos pela polícia ou pelos senhores. Nas festas, elementos da religiosidade africana se manifestavam no interior do catolicismo. Permitidas pelas autoridades eclesiásticas como meio de acomodação dos africanos, as irmandades foram importantes meios de afirmação cultural.

O QUE ACONTECEU COM AS TRADIÇÕES RELIGIOSAS AFRICANAS?

NO Brasil coexistiam tradições religiosas africanas diversas. Isso porque o tráfico trouxe para cá povos de origens e culturas religiosas também diversas. Em todo o Brasil, no período colonial (até o século XVIII), o termo mais comum para nomear as práticas religiosas de origem africana parece ter sido *calundu*, uma expressão angolana que vem da palavra *kilundu*, que significa "divindade" em língua umbundo.

A mais antiga referência escrita ao termo "candomblé" é do início do século XIX, na Bahia. E "candomblé" vem também de um termo oriundo da região de Angola, que significa culto ou oração. Sabe-se que, tanto nas cidades como nas áreas rurais, as religiões afro-brasileiras foram importante fator de agregação da população negra — escravos ou libertos, vindos da África ou nascidos no Brasil.

Antes de 1850, as tradições religiosas mais importantes do sudeste brasileiro, especialmente do Rio de Janeiro e de São Paulo, eram originárias da região centro-ocidental da África, onde viviam os povos bantos. A grande importação de escravos originários daquela região marcou profundamente a cultura religiosa dessa parte do país. Para os africanos dali, o culto dos ancestrais era fundamental, mas também importante era a devoção a entidades espirituais chamadas inquices.

Em fins do século XIX, essas tradições africanas herdadas dos povos de língua banto misturaram-se com o catolicismo, com o espiritismo e com tradições indígenas e deram origem à umbanda. Da mesma forma, o grande fluxo de africanos vindos da África Ocidental influenciou fortemente as formas de culto de origem africana na Bahia e no Maranhão. Os povos reunidos no antigo reino do Daomé (atual República do Benim), conhecidos como jeje na Bahia e minas no Maranhão, cultuavam deuses a que chamavam de vodum. Já os povos de fala iorubá, conhecidos como nagôs na Bahia, cultuavam os orixás, que vieram a constituir a religião afro-brasileira mais conhecida. Organizados em torno de um "terreiro" com suas construções, locais de orações, hierarquia, o culto iorubá disseminou-se nas cidades e nas áreas rurais do Nordeste, sobretudo na Bahia. Em todo o Brasil ganhou designações locais diversas, como candomblé na Bahia, xangô em Pernambuco, tambor no Maranhão, macumba no Rio de Janeiro e batuque no Rio Grande do Sul.

Em decorrência do encontro de diferentes povos vindos da África, aqui nasceram estruturas religiosas novas. Por exemplo, no terreiro de candomblé iorubá juntavam-se deuses cultuados separadamente em regiões distintas da África — Oxóssi, do reino de Ketu, Xangô de Oió, Oxum em Oxogbô e assim por diante.

Ao longo do período colonial, havia líderes religiosos que curavam, adivinhavam e ganhavam respeitabilidade dentro e fora da comunidade de escravos porque se acreditava que eram capazes de lidar com o sobrenatural e de neutralizar o mal — inclusive o mal dos senhores cruéis —, além de tornar os escravos invulneráveis às doenças, fazê-los bem-sucedidos nas fugas e noutras ações em busca da liberdade. A maioria dos escravos recorria aos curandeiros ou curandeiras negras para se tratar de alguma enfermidade física ou mental. Práticas de cura africanas e também europeias, como a sangria por meio de sanguessugas, eram bastante praticadas por negros barbeiros nas ruas das cidades coloniais brasileiras. Além de extrair dentes e prescrever receitas para várias enfermidades, esses sacerdotes davam conselhos e vendiam amuletos que protegiam o corpo da doença e da inveja.

Um elemento comum que une as diversas tradições religiosas africanas existentes no Brasil é o culto aos ancestrais. Um ancestral ou antepassado é alguém de quem uma pessoa descende, por parte de pai ou de mãe, em qualquer período do tempo, e que toda pessoa deve cultuar, respeitar e amar. Mas somente alcançam a condição de ancestral com merecimento de culto aqueles que tiveram uma vida terrena voltada para o bem da comunidade e deixaram bons filhos. Para as religiões africanas existe clara distinção entre o mundo dos vivos e o mundo dos mortos, mas isso não significa que os mortos não possam agir sobre os vivos. Ao contrário, acredita-se que os ancestrais agem decisivamente na vida dos vivos protegendo-os de doenças e de espíritos malignos.

Para os africanos, a ligação entre os vivos e os mortos continua após a morte. A morte não significa o fim da existência, mas a passagem de uma vida para outra. É por isso que no candomblé os orixás são agraciados com muita música, danças, comida, bebida e roupas. A intervenção dos ancestrais é importante, mas os vivos não podem se acomodar. A cada um cabe mudar o mundo a seu favor. Daí a valorização da criatividade e da disposição de luta contra as adversidades como formas de alcançar a felicidade neste mundo.

Uma característica importante das religiões afro-brasileiras foi sua capacidade de conviver com outros setores da sociedade e atrair as pessoas, inclusive livres e brancas. Estas últimas foram durante muito tempo atraídas como clientes em busca de soluções para seus problemas terrenos de afeto, saúde, dinheiro e poder. Ao longo da segunda metade do século XIX, brancos e mestiços começaram a fazer parte da própria estrutura organizacional, um meio encontrado pelas comunidades religiosas de adquirir respeitabilidade e ganhar o apoio de pessoas influentes que as protegessem da repressão policial. Mas isso também era um sinal de como as referências religiosas africanas haviam influenciado profundamente a sociedade brasileira como um todo.

Outro aspecto importante das religiões de matriz africana no Brasil foi sua capacidade de dialogar e respeitar as religiões dos outros. Basta dizer que muitas santas e santos católicos são cultuados e fazem parte das devoções dos iniciados no candomblé. Da mesma forma, os africanos incorporaram dos povos indígenas muitas entidades que passaram a ser chamadas de caboclos.

Para o Brasil vieram também africanos iniciados em religiões que surgiram na África depois da chegada de povos árabes e europeus. Uma delas era o islamismo, introduzido por populações do norte do continente africano ao longo do multissecular comércio com os árabes. Muitos desses seguidores de Alá chegaram ao Brasil como escravos. Os muçulmanos eram numerosos na cidade de Salvador e na região açucareira do Recôncavo Baiano. Adeptos de uma religião militante, eles organizaram na Bahia algumas rebeliões

56

escravas, sendo a de 1835 a mais conhecida. Por isso, ao longo do século XIX, foi o grupo religioso mais perseguido pelas forças policiais.

Africanos e afro-brasileiros não tinham liberdade para cultuar santos e deuses da África, mas muitas vezes tinham permissão para fazê-lo. E permissão não é liberdade. A primeira Constituição do país, promulgada em 1824, definiu o catolicismo como religião oficial do Império, sendo outras religiões permitidas desde que não tivessem templos. Mas as religiões afro-brasileiras jamais foram incluídas nessa tolerância legal, porque não eram consideradas religiões e sim superstições, curandeirismo, feitiçaria. Eram então tratadas como práticas ilegais e muitas vezes criminosas.

Para fugir à repressão, africanos e crioulos buscavam praticar suas religiões em locais afastados dos centros urbanos ou recorriam a outros artifícios para evitar as patrulhas policiais e o preconceito da vizinhança. Mas havia muita casa de culto que funcionava discretamente nos centros das cidades.

O fato é que as religiões afro-brasileiras foram fundamentais para as populações negras enfrentarem a vida difícil no Brasil escravista. A "família de santo" dos candomblés era uma espécie de recriação da família grande existente na África. Além disso, os laços familiares criados em torno do culto dos ancestrais representaram a possibilidade de recompor simbolicamente laços de parentesco desfeitos no tráfico ou no curso da vida escrava. Ao juntar no mesmo culto escravos, libertos e livres, a família de santo terminou formando redes sociais poderosas que ajudavam as pessoas a enfrentar as dificuldades do dia a dia.

O candomblé se expandiu consideravelmente depois do fim do cativeiro em 1888. Mas, mesmo se difundindo na sociedade, religiões afro-brasileiras continuaram a ser vítimas da repressão policial e do preconceito. Ainda no início do século XX, foram perseguidas pela polícia como práticas supersticiosas, incivilizadas e anticristãs. Ao longo

Festa de Nossa Senhora do Rosário, Johann Moritz Rugendas.

de todo o século XX, pais e mães de santo lutaram contra a intolerância religiosa e pelo reconhecimento de suas práticas religiosas. Foi uma luta difícil. Basta dizer que somente em 1976 os candomblés na Bahia conquistaram o direito de livremente cultuar seus orixás, sem a obrigação de pedirem autorização à polícia! Dados recentes indicam que aproximadamente 3 milhões de brasileiros (1,5% da população total) declararam o candomblé como sua religião.

ARTE E ARTISTAS AFRO-BRASILEIROS

NÃO estranhe a leitora ou leitor se pulamos da religião para a arte. É que, nas religiões de matriz africana, música, dança, pintura e escultura são dimensões importantes do sagrado. Arte e religião estão profundamente relacionadas. As religiões afro-brasileiras, especialmente o candomblé, foram desde a escravidão espaços em que elementos da cultura artística africana puderam sobreviver. Sabemos que cada orixá possui sua música, suas cores, suas vestes e adereços, suas danças; tudo isso tem um significado e obedece a determinados rituais. Da mesma forma, a pintura e a escultura de deuses e deusas têm uma relação com o sagrado. Foi no interior dos terreiros que artistas negros representaram à maneira africana imagens de orixás e divindades. As pinturas e esculturas de orixás não seguem um padrão fixo, portanto há um imenso espaço de criatividade. Entretanto, cada artista tem de ser fiel às características e feições mágicas de cada divindade.

Ocorre que a rica cultura artística produzida no interior das religiões afro-brasileiras foi durante muito tempo perseguida e marginalizada. Quando a polícia invadia candomblés no século XIX, além de prender os fiéis ela destruía ou apreendia esculturas, talhas, colares e instrumentos de culto. Por preconceito eram considerados objetos de feitiçaria. O reconhecimento do valor dessa produção artística ocorreu tardiamente, no século XX, depois de muita luta.

Muitos dos africanos trazidos para o Brasil como escravos foram treinados para trabalhar como artífices, pintores, carpinteiros, pedreiros, ferreiros e marceneiros. Alguns já exerciam essas profissões na África. Livres ou escravos, esses artistas e artífices eram treinados para seguir modelos europeus e não africanos. Ainda assim, os mais hábeis artífices na colônia eram africanos ou filhos e netos de africanos. Quando hoje visitamos os grandes monumentos arquitetônicos, como as igrejas e os edifícios da administração colonial e imperial, não podemos esquecer que boa parte do que ali vemos tem a marca das mãos e da inteligência dos africanos.

Em Minas Gerais, negros e mestiços forros e livres destacaram-se como pintores, entalhadores e douradores que trabalhavam na ornamentação das igrejas. Muitos trabalhavam para as irmandades religiosas pintando, esculpindo e decorando o interior das igrejas. Até o século XVIII, pintores e escultores estavam incluídos na categoria "oficiais mecânicos", ao lado de carpinteiros, ferreiros e marceneiros. Executavam um trabalho manual, e por preconceito da época a maioria da população recusava essas atividades. Foi nesse espaço que muitos escravos e libertos brilharam com seu talento e criatividade. Muitos deles conquistavam a alforria depois de se tornarem exímios mestres na arte de pintar e esculpir.

Alguns, a exemplo de Antônio Francisco Lisboa (1730-1814), ficaram famosos esculpindo imagens de santos, santas e anjos. Provavelmente, Lisboa nasceu em Vila Rica (atualmente Ouro Preto), então capital da capitania de Minas Gerais, filho de um mestre de obras português e de sua escrava africana, chamada Isabel. Por conta de uma doença degenerativa dos membros que lhe comprometeu gradativamente os movimentos das mãos e dos pés, era obrigado a trabalhar com as ferramentas amarradas às mãos. Passou então a ser conhecido como Aleijadinho. Apesar de ter alcançado fama e prestígio em vida, Aleijadinho morreu pobre e abandonado. Mas sua obra pode ainda ser vista e admirada em várias igrejas mineiras e são testemunhos vivos da inteligência e da criatividade afro-brasileira que brilhou no Brasil colonial.

Outro pintor e escultor famoso, filho de mãe africana, foi Valentim da Fonseca e Silva (c. 1745-1813), mais conhecido como Mestre Valentim. Nasceu em Minas Gerais, no distrito Diamantino, mas se estabeleceu no Rio de Janeiro. Pertencia às irmandades dos Pardos de Nossa Senhora

A última ceia, Antônio Francisco Lisboa, o Aleijadinho (c.1730-1814), Santuário de Bom Jesus de Matosinhos, Congonhas, MG.

do Rosário e São Benedito. Mestre Valentim realizou vários trabalhos de talha dourada em igrejas cariocas. Entre 1779 e 1790, foi encarregado das obras públicas da cidade, tendo projetado diversos chafarizes e o Passeio Público do Rio de Janeiro. Assim como Aleijadinho, introduziu inovações na forma de pintar e esculpir, não se submetendo aos modelos de representação europeus.

É preciso observar também que no interior das igrejas barrocas, além dos pintores e escultores, escravos ou filhos de escravos africanos tornaram-se músicos, compondo e executando músicas sacras. Músicos negros e mulatos fizeram fama em Minas Gerais. O músico mulato Antônio de Sousa Lobo destacou-se como grande compositor do século XVIII, e sua corporação de músicos tinha lugar certo nas grandes festas de Vila Rica. Artistas como ele escreveram composições musicais que fizeram o esplendor da música barroca. Quase sempre esse processo de criação e invenção ocorreu em meio ao preconceito dos que os acusavam de profanarem a música sacra introduzindo elementos da musicalidade africana.

No século XIX, além da igreja, governos e particulares passaram a comprar com mais frequência obras de arte para decorar mansões ou espaços públicos. A formação do artista no Brasil passou então a ser centralizada na Academia Imperial de Belas Artes, no Rio de Janeiro. Foram poucos, porém, os artistas afro-brasileiros que conseguiram ingressar na Academia. Os irmãos João Timoteo da Costa (1879-1932) e Artur Timoteo da Costa (1882-1922), Antônio Rafael Pinto Bandeira (1863-1896) e o sergipano Horácio da Hora (1853-1890) são alguns nomes de grandes pintores negros e mestiços com formação acadêmica que influenciaram profundamente a arte brasileira entre o fim do século XIX e início do XX.

Antônio Rafael Pinto Bandeira (1863-1896), nascido no Rio de Janeiro, foi pintor e professor de pintura na segunda metade do século XIX. Descen-

Talha, escultura de Mestre Valentim, madeira, século XVIII.

© MUSEU AFRO-BRASIL, SP

Barcos, s/d, óleo sobre tela, João Timóteo da Costa (1879-1932).

© MUSEU AFRO-BRASIL, SP

Estudo de cabeça, s/d, óleo sobre tela, Artur Timóteo da Costa (1882-1923).

dente de escravos, ingressou na Academia Imperial de Belas Artes aos dezesseis anos. Em 1887, mudou-se para a capital baiana, onde trabalhou como professor de desenho no Liceu de Artes e Ofícios. É considerado um dos maiores paisagistas brasileiros do século XIX.

Após a abolição da escravidão, o panorama da arte brasileira modificou-se bastante. Além dos artistas formados nas academias, passou a haver maior abertura a artistas que produziam fora dos padrões academicistas. Ao longo do século XX e no contexto das lutas contra o preconceito racial, artistas negros e brancos foram conquistando maior liberdade de expressão, inclusive de dialogar com as temáticas e influências africanas. Os nomes são muitos, e para exemplificar citaremos dois artistas representantes desses novos tempos.

Heitor dos Prazeres (1898-1966) pode ser tomado como exemplo dessa tendência. Nasceu no Rio de Janeiro, foi compositor, cantor e pintor autodidata. Sambas e marchinhas compostas por ele ganharam projeção nacional. Seu samba de maior sucesso foi *Pierrô apaixonado*, composto em parceria com Noel Rosa. Heitor dos Prazeres começou a carreira de pintor depois da morte da esposa, e desde então seus trabalhos tiveram reconhecimento internacional. Suas telas retratam em tons fortes e muita sensibilidade o mundo do samba e dos morros cariocas.

Outro nome que queremos lembrar é o de Deoscóredes Maximiliano dos Santos, o Mestre Didi, nascido em Salvador em 1917. Escritor, artista plástico e sacerdote afro-brasileiro, Mestre Didi é um sacerdote-artista, e suas representações estão embebidas de sentidos e visões do sagrado. Reconhecido mundialmente, expressa por meio da arte os valores civilizatórios da cultura e da religiosidade afro-brasileira.

© COLEÇÃO PARTICULAR

A serpente do além, técnica mista, obra de mestre Didi.

CAPÍTULO 4

COMO A RESISTÊNCIA NEGRA CONTRIBUIU PARA FORTALECER A IDEIA DE LIBERDADE NO BRASIL

Durante a escravidão, os africanos eram excluídos da participação nas instituições políticas do Brasil. Após a independência, a Constituição do Império, promulgada em 1824, incluía entre os cidadãos brasileiros apenas os negros libertos nascidos no país. Isso significava que os libertos africanos continuariam estrangeiros. Eles precisavam conseguir títulos de naturalização para gozar de alguns direitos de cidadania. Mesmo os libertos brasileiros sofriam restrições no exercício dos direitos políticos. Pela Constituição, não podiam ser eleitos para cargos políticos, como deputados, senadores e membros das assembleias provinciais. Podiam votar, se tivessem renda estipulada, mas não podiam se eleger.

Mesmo assim, os africanos e seus descendentes influenciaram profundamente os rumos da história do Brasil. Para isso lançaram mão de tradições de lutas aprendidas na África ou inventaram outras no contexto do Brasil. Ao resistir à escravidão, a população negra terminou contribuindo para fortalecer a ideia de liberdade e de cidadania.

FUGAS ESCRAVAS

As sociedades escravistas nas Américas foram marcadas pela rebeldia escrava. Onde quer que o trabalho escravo tenha predominado, senhores e governantes foram regularmente surpreendidos com a resistência de índios, africanos e crioulos. No Brasil, tal resistência assumiu diversas formas. A desobediência sistemática, a lentidão na execução das tarefas, a sabotagem da produção e as fugas individuais ou coletivas foram algumas delas. Fugir estava sempre entre os planos dos escravos.

Os cativos fugiam por vários motivos e para muitos destinos. Castigos, trabalhos excessivos, pouco tempo para o lazer, desagregação familiar, impossibilidade de ter a própria roça e, é óbvio, o desejo de liberdade eram as razões mais frequentes que os levavam a escapar dos senhores. Por vezes ausentavam-se apenas por tempo suficiente para pressionar o senhor a negociar melhores condições de trabalho, moradia e alimentação, para convencê-lo a dispensar determinado feitor, a manter na mesma fazenda seus familiares, a cumprir acordos já firmados ou até para pressionar sua venda a outro senhor se isto implicasse melhores condições de vida.

Essas eram as chamadas fugas reivindicatórias, ausências temporárias do trabalho, das quais o fugitivo costumava retornar por conta própria depois de alguns dias. Ao fugir, o escravo comprometia a produção e colocava em xeque a autoridade do senhor. Isso quer dizer que as fugas não só traziam prejuízos econômicos, como colocavam limites à dominação senhorial. Diante da possibilidade de não poder contar com a força de trabalho dos fugidos e vendo a autoridade ameaçada, os senhores eram muitas vezes levados a negociar, a ceder em alguns aspectos, embora a contragosto.

Mas o escravo que fugia nem sempre retornava ao cativeiro. Em todo lugar a liberdade era a principal aspiração de quem vivia a triste experiência de ser escravizado. Ver-se livre, isento do controle e da subordinação a qualquer senhor era o principal objetivo de homens e mulheres que, sozinhos ou em grupo, resolviam escapar da escravidão. Fugir era perigoso, difícil e, geralmente, dependia da solidariedade de outros escravos, libertos e livres. Era preciso alguém que facilitasse a fuga, fornecesse abrigo, alimentação e trabalho para não levantar suspeita. Os escravos buscavam refúgio em fazendas, povoados e cidades, onde podiam misturar-se aos negros livres e libertos, mas também recorriam aos quilombos.

QUILOMBOS

QUILOMBOS, *palenques*, *maroons* são diferentes denominações para o mesmo fenômeno nas diversas sociedades escravistas nas Américas: os grupos organizados de negros fugidos. No Brasil, esses agrupamentos também eram chamados de mocambos. Fugir do senhor e juntar-se a outros rebeldes foi uma estratégia de luta desde que os primeiros tumbeiros aportaram na costa brasileira até as vésperas da abolição.

É comum as pessoas imaginarem os quilombos como comunidades exclusivamente negras instaladas em choupanas de palha escondidas no meio da floresta, no alto das montanhas, longe das cidades, fora do alcance dos senhores e onde se vivia apenas da própria lavoura. Mas não é bem essa a história de um grande número de quilombos no Brasil. Em todo o país, foram muitos os negros rebeldes reunidos em pequenos grupos nos arredores de engenhos, fazendas, vilas e cidades, em lugares conhecidos por seus senhores e autoridades. Como veremos adiante, era exatamente por se localizarem perto de núcleos de povoamento que eles inquietavam as autoridades e causavam tantos transtornos aos proprietários de terras e escravos. Além disso, um grande número de quilombos reunia não só escravos em fuga, mas também negros libertos, indígenas e brancos com problemas com a justiça.

A predominância da ideia do quilombo como agrupamento exclusivamente negro, autossustentável e isolado nas matas brasileiras tem uma justificativa: Palmares. Palmares foi o mais duradouro e o maior quilombo da história do Brasil. Não sem razão, esse quilombo localizado na capitania de Pernambuco, em território que hoje pertence ao estado de Alagoas, é o mais famoso e tem servido como uma espécie de modelo para todas as outras comunidades quilombolas. Do mesmo modo, Zumbi foi feito símbolo de liderança negra no Brasil.

PALMARES

PALMARES foi uma comunidade quilombola que, nos primeiros tempos do século XVII, ocupava a Serra da Barriga. Essa região estendia-se do rio São Francisco, em Alagoas, às vizinhanças do cabo de Santo Agostinho, em Pernambuco. Tratava-se de um terreno acidentado e de difícil acesso, coberto de espessa mata tropical que incluía a pindoba, um tipo de palmeira; daí o nome Palmares. A vegetação dificultava o deslocamento dos caçadores de escravos fugidos — e sua abundância de árvores frutíferas, de caça, pesca e água potável facilitava a sobrevivência dos quilombolas —, mas também exigia dos moradores habilidade para enfrentar os perigos e as dificuldades da vida na floresta. O mesmo ecossistema que protegia também os ameaçava.

De 1677 a 1695, quando foi finalmente dizimada toda a sua população, Palmares resistiu a várias investidas das autoridades coloniais. Em 1678, o governador de Pernambuco chegou a propor um acordo com os palmarinos, prometendo-lhes a concessão de uma área para viver em liberdade, plantar e negociar com os brancos. Em troca os quilombolas deporiam suas armas e parariam de acolher escravos fugidos em suas terras. Nessa ocasião, o rei palmarino Ganga Zumba enviou uma embaixada a Recife com o fim de selar o acordo. Só que do lado dos senhores havia muita indisposição em negociar com quilombolas. Do lado quilombola também havia quem discordava de tal acordo. Zumbi foi um deles. Ele preferiu ignorar a trégua e continuar a receber fugitivos do cativeiro, e o clima de tensão foi reanimado. Logo em seguida Ganga Zumba foi assassinado por envenenamento, e Zumbi assumiu a liderança dos palmarinos.

Em 1692, uma nova e mais poderosa expedição foi organizada pelo governo colonial para impor a rendição total de Palmares. Rendição e não mais acordo. A expedição foi comandada pelo sertanista paulista Domingos Jorge Velho, bandeirante experiente em outros combates contra índios no interior do Brasil. Sua missão era destruir o grande quilombo. O governo colonial chegou a reunir mais de 3 mil homens nessa expedição. Mas os quilombolas resistiram até fevereiro de 1694, quando foram cercados e mais de quatrocentos homens e mulheres foram mortos ou aprisionados. Zumbi ainda conseguiu fugir ao cerco escondendo-se na mata, mas no dia 20 de novembro de 1695 foi capturado ao lado de apenas vinte homens, que em pouco tempo foram trucidados. Zumbi foi capturado e decapitado. Para festejar, as autoridades expuseram sua cabeça num poste na praça principal do Recife, como forma de intimidar outros rebeldes.

O fim de Palmares foi comemorado com missas e festas pelos proprietários de escravos em Recife, Salvador e Rio de Janeiro. Os senhores passaram a usar Palmares como argumento para a necessidade de políticas mais rígidas de controle sobre os negros. Foi na época dos episódios na Serra da Barriga que se criou o cargo de capitão do mato, ou capitão de assalto, para comandar os ataques aos quilombos e perseguir escravos fugidos.

Palmares mudou a forma como o combate à fuga era organizado. Até então, contra as fugas individuais os senhores tomavam suas próprias providências. Era cada qual cuidando de si e dos seus. Mas depois de Palmares todos estavam mais atentos, mais vigilantes. Se os fugitivos se juntassem pondo em perigo a ordem local, aliciando outros escravos, recorria-se de pronto às milícias e tropas da administração colonial, além dos capitães do mato. Pela mesma razão, tornaram-se mais frequentes as expedições bélicas para explorar os sertões em busca de quilombolas, e isso à custa das contribuições da câmara e dos moradores locais. A repressão ficou mais refinada, mas nem por isso os quilombos deixaram de existir onde quer que existissem escravos.

É importante observar que nem todos os quilombos no Brasil seguiam o modelo de grande comunidade que se viu em Palmares. Comumente, as comunidades de fugitivos eram de pequeno porte. Durante a colônia as autoridades definiam quilombo como qualquer habitação com cinco ou mais negros fugidos assentados em local despovoado, o que incluía os arredores das fazendas, vilas e cidades. Tratava-se muitas vezes de assentamentos provisórios de negros que aguardavam o momento mais oportuno para seguir outro rumo depois da fuga. Podia ser também lugar para visitar velhos conhecidos ou parentes, para se divertir, descansar, cantar, dançar e retornar à senzala na manhã seguinte ou depois de alguns dias. Nesse caso o quilombo também podia ser um lugar de passagem, abrigo temporário em que a escravidão era desafiada.

Enfim, os quilombos foram a forma mais típica de resistência escrava coletiva, e eles interferiram de modo decisivo na maneira como os senhores tratavam seus escravos. A permanente ameaça de fugas para os quilombos levou os senhores a fazer concessões aos que ficavam nas senzalas. Em várias regiões do Brasil, ainda podem ser localizadas comunidades remanescentes de quilombos. Só a partir de 1995, quando ocorreu o primeiro encontro de comunidades remanescentes de quilombo, o governo brasileiro passou a identificar, reconhecer e iniciar o processo de concessão de terras aos descendentes dos quilombolas.

Embora menos frequentes, as revoltas escravas também comprometeram seriamente a paz, a propriedade dos senhores e o poder das autoridades. Os cativos rebeldes puseram em perigo a ordem escravista, principalmente na Bahia, durante as três primeiras décadas do século XIX.

REVOLTAS ESCRAVAS

ALÉM dos quilombos, escravos e escravas organizaram movimentos rebeldes que resistiram à escravidão. Durante a primeira metade do século XIX, os escravos da Bahia eram conhecidos em todo o país pelas rebeliões que promoviam. Naquele mesmo período, uma revolta escrava vitoriosa em São Domingos, atual Haiti, aboliu a escravidão e fez a independência daquele país. Esse acontecimento deixou os senhores brasileiros em desassossego. Temia-se que o desfecho haitiano motivasse os escravos daqui a fazer o mesmo. E esse não era um medo infundado, pois há registros de que no Brasil escravos e libertos sabiam dos feitos dos rebeldes em São Domingos e os tinham como exemplo.

Em 1793, em meio à Revolução Francesa a abolição foi decretada nas colônias francesas, inclusive no Haiti. Mas quando Napoleão Bonaparte assumiu o poder a escravidão foi restabelecida no Haiti. Os escravos não aceitaram a volta do cativeiro e, sob a liderança de um ex-escravo chamado Toussaint L'Ouverture, iniciaram um movimento rebelde de grandes proporções. Os franceses controlaram os revoltosos e prenderam L'Ouverture. Mas os escravos resistiram e em 1804 assumiram o controle do país. Os franceses foram expulsos ou mortos, a independência foi proclamada e decretou-se o fim da escravidão.

Na primeira metade do século XIX, a Bahia era o maior produtor de açúcar no Brasil. No Recôncavo baiano estavam os engenhos mais produtivos. Trata-se de uma região formada por mangues, baixios, tabuleiros, ilhotas e vales margeando o mar. São terras férteis e propícias ao cultivo da cana-de-açúcar. Toda a atividade dos engenhos era movida pelo trabalho escravo dos africanos e crioulos. A grande concentração de escravos e os conflitos entre os homens livres tornaram o Recôncavo especialmente propenso a revoltas escravas. De fato, ali a rebeldia escrava deixava os senhores em sobressalto.

No início do século XIX ocorreram várias rebeliões de escravos no local, muitas delas definindo claramente o projeto de criar uma sociedade sem escravidão. A ameaça rebelde na Bahia repetiu-se por vários anos, período em que aconteceram cerca de trinta revoltas, a maioria delas promovida por escravos haussás e nagôs, estes últimos africanos iorubás. A regularidade das revoltas parecia demonstrar que o Brasil podia mesmo tornar-se o próximo Haiti das Américas.

Porém, a mais séria e organizada dessas revoltas aconteceu em 1835, liderada por africanos malês — como eram conhecidos os negros muçulmanos. Em janeiro daquele ano a capital foi surpreendida pela denúncia de que os malês tramavam um grande levante. Realmente, eles vinham se reunindo desde o ano anterior. Tinham instituído um líder religioso, o africano Ahuna, e costuravam adesões junto aos cativos do Recôncavo. Como muçulmanos que eram, muitos sabiam ler e escrever em árabe e sonhavam com uma Bahia só de africanos. O plano era fazer a revolta num domingo de festa religiosa, dia de grande número de escravos nas ruas, isentos do controle de seus senhores.

Mas o plano rebelde chegou ao conhecimento das autoridades. Ciente dos acontecimentos, a polícia se armou e começou a busca por suspeitos. Pouco depois, cinquenta a sessenta malês foram flagrados no subsolo de um sobrado no centro da cidade enquanto comiam e tramavam os últimos detalhes da rebelião. Ao perceber que haviam sido descobertos, eles foram para as ruas e enfrentaram a patrulha policial às escuras, armados com facas e espadas.

A denúncia precipitou os planos de uma revolta cujos detalhes os malês ainda preparavam. Aos gritos, eles acordaram outros africanos e atacaram a cadeia pública onde estava preso um mestre muçulmano, Pacífico Licutan. Ali encontraram também soldados preparados para o confronto. Como bons muçulmanos, acreditavam que Alá não lhes faltaria deste lado do Atlântico e, para garantir a proteção divina, encheram os bolsos e penduraram nos pescoços amuletos com rezas e trechos do Alcorão escritos em árabe. Mas depois de alguns combates de rua os malês foram derrotados. Na manhã seguinte contava-se mais de setenta mortos espalhados pelas ruas de Salvador. Entre os partidários do governo, foram nove: quatro pardos, um crioulo e quatro brancos.

Após a rebelião, a polícia baiana fez uma investigação minuciosa e tomou conhecimento da sofisticada rede organizada pelos africanos malês na Bahia. Mais de quinhentas pessoas foram indiciadas e punidas com açoites, prisões, deportações, sendo quatro executadas por fuzilamento em praça pública.

A revolta dos malês trouxe apreensão para todo o país. Além do medo de que a revolução no Haiti se repetisse no Brasil, agora tinha-se um exemplo bem mais próximo de quanto a paz escravista poderia ser perturbada. Não foi à toa que na maioria das províncias, principalmente nas de maior população cativa, a exemplo do Rio de Janeiro e Minas Gerais, foram adotadas medidas mais duras de controle da escravaria.

É importante observar que as rebeliões escravas espalharam-se por outros lugares do Brasil, e todas foram duramente reprimidas. Mas esses movimentos terminaram influenciando os rumos da história, na medida em que forçaram as elites brasileiras a pensar num país sem escravidão. Entre outros motivos, foi por medo de revoltas como a dos malês que os políticos do império decretaram o fim do tráfico de escravos africanos em 1850.

Com o fim do tráfico africano, a resistência escrava foi tomando outras formas. A população africana tendeu a diminuir, e cresceu a população crioula, ou seja, a maioria dos escravos era nascida no Brasil. Além disso, houve um crescimento dos livres e libertos, uma gente que vivera a experiência da escravidão ou ainda tinha parentes e amigos no cativeiro. Com o decorrer dos anos, livres e libertos passaram a se posicionar firmemente contra a escravidão. Muitas vezes confundidos e presos como escravos, o cativeiro representava uma ameaça a sua cidadania. Foi assim que muitos aderiram ao movimento abolicionista nas décadas de 1870 e 1880.

OS NEGROS NAS LUTAS ABOLICIONISTAS

No final da década de 1860, um número crescente de pessoas das mais diversas camadas sociais passou a manifestar e a defender publicamente seu repúdio à escravidão. Essa atitude antiescravista não era nova, uma vez que desde o início do século XIX havia quem levantasse a voz denunciando os horrores do tráfico e da escravidão. A novidade dos anos sessenta foi que determinados setores passaram a reclamar abolição imediata.

Alguns núcleos abolicionistas começaram a atuar desde meados da década de 1860. Em 1865, um mestiço baiano de dezoito anos, estudante da Faculdade de Direito do Recife, Antônio de Castro Alves, já celebrava em versos a libertação dos escravos na América do Norte. Pouco depois, ele se consagraria como

Castro Alves (1847-1871), poeta e abolicionista.

© COLEÇÃO PARTICULAR, BA

o "poeta dos escravos" ao denunciar os sofrimentos dos cativos que viveram a travessia atlântica. Em 1868, Castro Alves inscreveu-se na Faculdade de Direito de São Paulo, onde se juntou a Rui Barbosa, Joaquim Nabuco e outros estudantes que militavam no movimento abolicionista.

Além de estudantes, aderiram ao movimento professores, jornalistas, tipógrafos, advogados, literatos, militares, parlamentares, juízes, médicos, artistas, músicos, comerciantes e também pessoas que não faziam parte dos setores médios da sociedade.

Desde o início, o movimento abolicionista envolveu indivíduos das mais diversas classes, credo e origem, não se restringindo a uma elite intelectual branca. O professor negro Francisco Álvares dos Santos foi um precursor do abolicionismo na Bahia, liderando passeatas cívicas em favor da liberdade dos escravos em 1862. Muitos intelectuais negros e mestiços destacaram-se como grandes oradores, discursando nas ruas e no parlamento, escrevendo crônicas e artigos em jornais, atuando na propaganda de rua ou auxiliando os escravos nas disputas judiciais contra seus senhores.

Alguns deles haviam vivido a escravidão. Um deles foi o poeta Luís Gonzaga Pinto da Gama (1830-1882), nascido em Salvador, filho de uma quitandeira africana liberta chamada Luíza Mahin e de um negociante português. Sua mãe teria se envolvido em insurreições escravas na Bahia, fugido para o Rio de Janeiro e em seguida teria sido deportada para a África. O pai de Luís Gama, em crise financeira, o teria vendido como cativo para o Rio de Janeiro, uma venda ilegal, pois havia nascido livre. Do Rio foi vendido para São Paulo, onde viveu como escravo doméstico até os dezessete anos. Alfabetizou-se ainda no cativeiro com hóspedes da casa de seu senhor. Depois de livrar-se do cativeiro, não se sabe como, foi escrivão, poeta, jornalista, advogado sem diploma. Na década de 1870, Gama ficou famoso defendendo nos tribunais a liberdade de africanos trazidos ilegalmente para o Brasil depois da lei de 1831 — a primeira lei que aboliu o tráfico africano, mas que não foi colocada em prática pelas autoridades brasileiras.

André Rebouças foi outro líder abolicionista negro. Também nasceu na Bahia e mudou-se para a corte ainda criança. Formou-se em engenharia e ensinou botânica, cálculo e geometria na Escola Politécnica do Rio de Janeiro. Rebouças tinha uma visão bastante avançada das questões cruciais que envolviam o futuro do povo negro. Em seus escritos defendia uma reforma agrária que promovesse a inclusão social dos ex-escravos após a abolição.

José do Patrocínio teve também participação destacada na imprensa carioca e nas reuniões abolicionistas. Nascido em Campos, no Rio de Janeiro, era filho de um padre fazendeiro, dono de escravos, e de uma mulher negra vendedora de frutas chamada Justina Maria do Espírito Santo. Aos vinte e oito anos já era famoso por seus discursos exaltados, emotivos e teatrais. Ao lado de Joaquim Nabuco, importante abolicionista pernambucano, fundou a Sociedade Brasileira contra a Escravidão.

Enquanto isso os próprios escravos vinham se movimentando nas senzalas. Ao longo das décadas de 1870 e 1880, os conflitos nas propriedades se intensificaram, e alguns deles tiveram desfechos violentos, com ferimento ou morte de feitores e senhores. Na época os crimes cometidos por escravos foram explorados pelos jornais, o que aumentou o pânico entre a população livre e intensificou a repressão policial sobre os negros livres e escravos.

Nas duas últimas décadas da escravidão, as fugas se intensificaram em direção às cidades, pois, além do apoio das entidades abolicionistas, os fugitivos podiam contar com a ajuda de outros escravos e libertos. Nas cidades era possível ocultar-se em meio à população negra livre e liberta que crescia nos centros urbanos. A grande quantidade de negros e mestiços ali presentes dificultou a ação da polícia na localização dos fugidos. Naquele momento, os escravos perceberam que as fugas apresentavam grandes chances de rompimento definitivo com os laços escravistas.

Os escravos fugiam também para os quilombos. Por volta de 1885, formou-se nas imediações de Campinas, província de São Paulo, um quilombo que reunia mais de setenta pessoas. Muitos quilombos que surgiram na década de 1880 foram formados em parceria com os abolicionistas. Nas imediações de Santos, o Jabaquara foi o mais famoso deles. Liderado pelo ex-escravo sergipano Quintino de Lacerda e pelo português Santos "Garrafão", chegou a reunir cerca de 10 mil pessoas abrigadas em barracos de madeira cobertos de zinco.

Depois de 1885, as fugas coletivas se sucederam em várias regiões do país. Em muitas ocasiões, fugiam grupos de dez, vinte ou mais escravos de uma mesma propriedade sem que os senhores pudessem impedi--los. As fugas coletivas são consideradas o maior movimento de desobediência civil da nossa história. Nos anos que antecederam a abolição, a polícia havia perdido o controle diante do volume de fugas, e muitos policiais começaram a se recusar a perseguir escravos fugidos, ou por terem aderido ao abolicionismo, ou por temerem as reações populares nas ruas.

Mas não era apenas com as fugas que os cativos enfraqueciam a escravidão. No início da década de 1880, rumores de revoltas escravas surgiram em diversas cidades brasileiras. Em algumas regiões, levantes escravos efetivamente ocorreram. Em 31 de outubro de 1882, cento e vinte escravos da fazenda Cantagalo, em Campinas, sublevaram-se e marcharam em direção à cidade, entoando no caminho diversas palavras de ordem e dando "viva à liberdade". As rebeliões daquele período mostraram que, além de reivindicarem direitos de acesso à terra ou diminuição da jornada de trabalho, os escravos passaram a manifestar abertamente que desejavam o fim do cativeiro. Isso fica claro nas palavras de ordem dos rebeldes de Campinas.

Diante desse quadro de tensões crescentes, a princesa Isabel promulgou a Lei de 13 de maio de 1888, a Lei Áurea, que extinguiu em definitivo a escravidão no Brasil. Com dois artigos apenas, a lei colocava fim numa instituição de mais de três séculos. Por ela os senhores não seriam indenizados nem se cogitou qualquer forma de reparação aos ex-escravos. Mas a escravidão foi extinta no auge de um movimento popular de grandes proporções. No curso da luta contra a escravidão surgiram projetos, aspirações e esperanças que iam além do fim do cativeiro. Para os ex-escravos a liberdade significava acesso a terra, direito de frequentar escolas, de escolher livremente onde trabalhar, de circular livremente pelas cidades sem precisar de autorização dos senhores ou ser importunados pela polícia, de cultuar deuses africanos ou venerar à sua maneira os santos católicos, de não serem mais tratados como cativos e, sobretudo, de ter direito à cidadania.

Lei número 3353 de 13 de maio de 1888
Art. 1. É declarada extinta desde a data desta lei a escravidão no Brasil.
Art. 2. Revogam-se as disposições em contrário.

A ABOLIÇÃO E A LUTA PELA CIDADANIA

A NOTÍCIA da abolição definitiva do cativeiro no Brasil foi bastante festejada nas cidades brasileiras. No Rio de Janeiro, grande multidão se concentrou diante do Paço Imperial para festejar a assinatura da Lei Áurea. Em seguida houve desfile de entidades abolicionistas e populares pelas ruas da cidade. Em Salvador, desde o dia 13, entidades abolicionistas, estudantes, populares e ex-escravos ocuparam as ruas e desfilaram pelo centro da cidade ao som de filarmônicas. Queimaram-se fogos de artifício, e as fachadas das casas particulares e repartições públicas ficaram iluminadas durante várias noites.

Os festejos do 13 de maio transformaram-se em grande manifestação popular, e isso refletia em grande medida a amplitude social do movimento antiescravista no Brasil. A festa tinha sua razão de acontecer, pois a abolição representou uma significativa vitória popular contra os que tinham defendido a escravidão até seus últimos momentos. As manifestações impressionaram os observadores da época pela quantidade de pessoas que ocuparam as ruas. O romancista Machado de Assis recordou que as comemorações que se seguiram à promulgação da Lei Áurea foram "o único delírio popular que me lembro de ter visto".

No dia 13 de maio, mais de 90% dos escravos brasileiros já haviam conseguido a liberdade por meio das alforrias e das fugas. Entretanto, a destruição da escravidão foi um evento histórico de grande importância e marco na história dos negros e de toda a população brasileira. Portanto, foi uma notável conquista social e política. Mas é preciso perceber como os ex-escravos buscaram viabilizar suas vidas após a abolição.

Passada a festa, os ex-escravos procuraram distanciar-se do passado de escravidão negando-se a se comportar como os antigos cativos. Em diversos engenhos do Nordeste, negaram-se a receber a ração diária e a trabalhar sem remuneração. Muitos ex-escravos permaneceram nas localidades em que haviam nascido. Estima-se que mais de 60% deles viviam nas fazendas cafeeiras e canavieiras do Centro-Sul do Brasil. Mas decidir ficar não significou concordar em se submeter às mesmas condições de trabalho do regime anterior. Muitas vezes, os ex-escravos tentaram negociar as condições para sua permanência nas fazendas. No entanto, negociar com os libertos parece ter sido uma situação para a qual seus ex-senhores se mostraram indispostos.

Grande parte dessa indisposição para negociar estava relacionada aos desejos dos ex-escravos de terem acesso à terra e de não serem mais tratados como cativos. Na região açucareira do Recôncavo, os libertos reivindicaram a diminuição das horas de trabalho e dos dias que deveriam dedicar à grande lavoura de cana. Exigiram também o direito de continuar a ocupar as antigas roças e dispor livremente do produto de suas plantações. Nos dias imediatos ao 13 de maio, ocuparam terras devolutas de engenhos abandonados e iniciaram o cultivo de mandioca e a criação de animais. Isso mostra sua percepção de que a condição de liberdade só seria possível se pudessem garantir a própria subsistência e definir quando, como e onde deveriam trabalhar.

© COLEÇÃO DOM PEDRO DE ORLEANS E BRAGANÇA

Comemoração no Paço Imperial da Assinatura do Decreto de Abolição da Escravidão, Luís Ferreira, 1888.

Para os ex-escravos e para as demais camadas da população negra, a abolição não representou apenas o fim do cativeiro, mas deveria ter como consequência também a liberdade religiosa, de circular livremente sem ser importunado pela polícia, o acesso à terra, à educação e aos mesmos direitos de cidadania que gozava a população branca. Foi por isso que, em uma correspondência endereçada a Rui Barbosa, libertos da região de Vassouras, no Rio de Janeiro, reivindicaram para seus filhos acesso à educação. Para eles, uma das formas de inclusão dos negros na sociedade de homens livres seria por meio da "instrução pública", como se dizia então. Não sabemos se a carta teve resposta, mas é sabido que nenhum plano educacional foi elaborado para inclusão social dos filhos dos ex-escravos. É importante observar que essas aspirações ainda são reivindicadas pelo povo negro no Brasil republicano.

© IEB/USP

Sátira do cotidiano após a abolição, A. Agostini. O preconceito continuou cercando os ex-escravos; uma troça da época dizia: "Nasceu periquito, morreu papagaio, não quero histórias com treze de maio". In Revista Ilustrada, 1888.

CAPÍTULO 5

OS AUTORES NEGROS E O DESENVOLVIMENTO DA IMPRENSA E DA LITERATURA NO BRASIL

Hoje, para saber o que está acontecendo em qualquer lugar do mundo, temos à disposição vários veículos de informação. O rádio, a televisão e a internet são recursos que nos informam com rapidez sobre os mais variados assuntos. Não era assim há algum tempo. No século XIX, a palavra escrita e impressa em jornais e revistas era o principal canal de divulgação de notícias e ideias. Na época, grande parte da população brasileira era analfabeta — a maioria era de negros, ainda que nascidos livres —, mas nem por isso deixaram de existir importantes jornalistas e literatos afro-brasileiros. E foram tantos que seria impossível conhecermos todos agora. Aqui saberemos apenas um pouco mais sobre nomes como Maria Firmina dos Reis, Luís Gama, Machado de Assis e Cruz e Souza.

MARIA FIRMINA DOS REIS (1825-1917)

Se durante a escravidão as chances de negros frequentarem a escola eram bem pequenas, para mulheres negras eram ainda menores. Por isso é tão importante destacar uma mulher que, embora pouco conhecida, foi uma das pioneiras na literatura feminina afro-brasileira. Maria Firmina dos Reis nasceu no Maranhão em 1823 e foi escritora, poeta e educadora. Prestou concurso para professora e entre 1847 e 1881 lecionou na cidade de Guimarães, no Maranhão. Em 1859, publicou o romance *Úrsula*, considerado o primeiro livro abolicionista escrito por uma mulher.

Os personagens desse romance fazem parte do mundo escravista e falam sobre os problemas que escravos e libertos enfrentavam no Brasil. Um deles era Mãe Susana, que conta sobre a vida na África, a captura e escravização e a difícil sobrevivência na travessia do Atlântico no porão de um tumbeiro. Tendo sido escrito a menos de dez anos do fim do tráfico, o romance *Úrsula* denuncia os horrores de uma sociedade escravista, tal como se pode ler no trecho a seguir:

> *"Senhor Deus! Quando calará no peito do homem a tua sublime máxima — ama a teu próximo como a ti mesmo — e deixará de oprimir com tão repreensível injustiça ao seu semelhante!... aquele que também era livre no seu país... aquele que é seu irmão?!"*
> **(*Úrsula*, Florianópolis: Editora Mulheres/Belo Horizonte: Editora PUC Minas.)**

Naquela época a produção literária era vista como algo masculino. Por isso Maria Firmina usou o pseudônimo "uma maranhense". Era uma forma de se proteger do preconceito, já que era mulher e mulata. Apesar de sua importância, *Úrsula* só passou a ser conhecido em 1962, quando um exemplar foi descoberto em um sebo carioca.

LUÍS GAMA (1830-1882)

Bem mais famoso e polêmico foi Luís Gonzaga Pinto da Gama, o mesmo abolicionista que conhecemos no capítulo 4. Sua surpreendente história ajuda-nos a entender as formas de ascensão dos homens negros em plena escravidão. As experiências como escravo e depois funcionário da polícia de São Paulo foram decisivas nas escolhas políticas de Luís Gama. Em *Trovas burlescas de Getulino* (1859) publicou uma série de poemas em que condenava o cativeiro, criticava a Igreja católica e os rumos da política

Retrato de Luis Gama, de Militão Augusto de Azevedo, c. 1880.

nacional. Esse livro obteve grande repercussão e garantiu a seu autor acesso aos ambientes da intelectualidade paulista.

A partir de então, Luís Gama publicou mais e mais crônicas e poemas — sempre recheados de ironia — em revistas e jornais com boa circulação, e não só em São Paulo. Por conta de seus textos contundentes e sua ferrenha militância abolicionista, tornou-se conhecido em todo o país e era tido como ícone negro, líder da luta pela liberdade.

Um dos alvos da ironia de Gama eram os que, tendo descendência africana, se faziam passar por brancos. Vejamos o que ele diz em um de seus poemas:

> *"Se os nobres desta terra, empanturrados,*
> *Em Guiné têm parentes enterrados;*
> *E, cedendo a prosápia, ou duros vícios,*
> *esquecem os negrinhos seus patrícios;*
> *Se mulatos de cor esbranquiçada,*
> *Já se julgam de origem refinada,*
> *E, curvos, à mania que os domina,*
> *Desprezam a vovó que é preta-mina;*
> *Não te espantes, ó leitor da novidade,*
> *pois que tudo no Brasil é raridade."*
> **(Sortimento de Gorras, *Trovas burlescas de Getulino*,**
> **apud Elciene Azevedo, *Orfeu de Carapinha*, p. 61.)**

Ao tempo em que criticava quem negava suas origens africanas, Luís Gama ressaltava as razões para orgulhar-se delas. Nos poemas "Meus amores", ele exalta a beleza da mulher negra:

"Meus amores são lindos, cor da noite
Recamada de estrelas rutilantes,
Tão formosa crioula, ou Tétis negra,
tem por olhos dois astros cintilantes."
(Sortimento de Gorras, p. 64.)

Gama morreu em 1882, alguns anos antes da abolição. Entretanto, não foi esquecido nas festas que celebraram o fim da escravidão; estandartes com seu retrato foram levados à rua por abolicionistas e, principalmente, pela população negra grata por seu empenho naquela luta.

CRUZ E SOUZA (1861-1898)

Cruz e Souza também foi um talento literário que viveu durante o período escravista. Nasceu em Florianópolis filho de ex-escravos, o que não o impediu de tornar-se advogado e escritor. O estímulo para os estudos veio do ex-proprietário de seus pais, que matriculou o menino João da Cruz e Souza no colégio Ateneu Provincial Catarinense. Mais tarde, numa caravana de atores, Cruz e Souza percorreu o país e resolveu se estabelecer no Rio de Janeiro.

© BIBLIOTECA NACIONAL, RJ

Retrato de Cruz e Souza (1861-1898).

Em 1883, foi recusado como promotor da cidade de Laguna, Santa Catarina. Daí em diante, dedicou-se ao jornalismo e à literatura. Foi o mais famoso representante do simbolismo no Brasil. Até então predominava a literatura dos autores românticos que versavam sobre a dor advinda dos dissabores amorosos. Cruz e Souza tratou de outro tipo de sofrimento. A crítica ao preconceito racial foi uma das marcas de seus escritos, daí por que ficou conhecido nos meios literários como o "Cisne Negro". Enquanto os românticos associavam a dor às desilusões amorosas, ele falava sobre o sofrimento dos negros numa sociedade herdeira do passado escravo.

Cruz e Sousa escrevia construindo imagens que retratavam as sensações das pessoas diante de situações de conflito. No texto "Emparedado", o autor aborda com as seguintes imagens a condição social dos autores afro-descendentes no Brasil:

> "Se caminhares para a direita baterás e embarrarás ansioso, aflito, numa parede horrendamente incomensurável de egoísmos e preconceitos! Se caminhares para a esquerda, outra parede, de ciências e críticas, ainda mais alta do que a primeira, te mergulhará profundamente no espanto!"

Nessas palavras são evidenciados os limites, as barreiras sociais que o próprio autor vivenciou. Esse texto engajado foi muito importante para dar visibilidade às dificuldades que enfrentavam os negros para terem reconhecimento de seu valor profissional.

Na verdade, à medida que ocorriam as mudanças políticas e econômicas que iriam resultar no fim da escravidão em 1888 e da monarquia em 1889, passava a predominar nos meios literários a crítica aos textos dos românticos. Aos poucos, a literatura com forte inspiração sentimentalista passou a ceder espaço a um grupo de autores negros e mulatos preocupados em escrever com cores fortes os dilemas do mundo em que viviam.

MACHADO DE ASSIS (1839-1908)

Um dos grandes nomes da literatura realista brasileira foi Joaquim Maria Machado de Assis, embora parte de sua obra, escrita na década de 1870, seja considerada de inspiração romântica. Este que, ainda hoje, é tido como o autor mais genial de nossa literatura era filho de um pintor de paredes e de uma lavadeira; nasceu mulato no morro do Livramento, no dia 21 de junho de 1839. Ficou órfão muito cedo e por isso foi criado

Machado de Assis, c. 1890,
Marc Ferrez, Rio de Janeiro.

por sua madrasta, que era cozinheira em um colégio.

O interesse pelos livros levou-o a aprender francês e latim. Desde então o mundo das palavras definia sua trajetória. Seus primeiros versos foram publicados em 1855, no jornal *Marmota Fluminense.* Depois de ser tipógrafo e revisor de textos, em 1873 passou a trabalhar na Secretaria de Agricultura. Machado de Assis foi um crítico da alma humana e das relações de poder construídas naquele tempo, especial-mente as exercidas pelos senhores de escravos.

Em seus textos, os personagens e as situações estão imersos no mundo real, tomados de empréstimo da vida cotidiana do Rio de Janeiro da época. Proprietários de escravos empenhados em ser sempre obedecidos, escravos que negociavam privilégios, empregados que sabidamente ofertavam favores a pessoas poderosas para cobrá-los quando necessitassem, entre tantos outros tipos urbanos, preenchem a preciosa ficção de Machado de Assis.

Títulos como *Memórias Póstumas de Brás Cubas* (1881), *Dom Casmurro* (1881) e *Quincas Borba* (1892) são leitura obrigatória pela qualidade literária e pelas interpretações que o autor faz da cultura brasileira. Felizmente, o talento do mulato Machado de Assis foi reconhecido em vida. No final do século XIX, ele já era autor consagrado. Tendo sido um dos fundadores da Academia Brasileira de Letras em 1896, também foi seu primeiro presidente.

A consagração de Machado de Assis, assim como a de Luís Gama e

Cruz e Souza, só foi possível porque no século XIX a imprensa era um eficaz veículo de circulação de textos literários. Quem não sabia ler tomava conhecimento dos principais acontecimentos e ouvia as crônicas daqueles autores nas praças e esquinas das cidades, onde os textos eram lidos por alguns e comentados por muitos. Mesmo nas pequenas cidades e zonas rurais, notícias sobre política e textos sobre questões como a emancipação dos escravos publicados nos jornais tinham repercussão, também entre escravos e negros libertos e livres.

A qualidade literária desses autores demonstrava para um grande público não ser verdadeira a ideia da inferioridade racial dos negros.

LIMA BARRETO (1881-1922)

Afonso Henriques de Lima Barreto nasceu no Rio de Janeiro em 13 de maio de 1881, exatos sete anos antes da abolição da escravidão. Era filho de João Henrique de Lima Barreto, mulato, ex-escravo e tipógrafo, e de Amália, que morreu ainda muito jovem. Lima Barreto teve uma educação privilegiada para os padrões da época. Frequentou a escola pública de D. Teresa Pimentel do Amaral, cursou o Liceu Popular Niteroiense, após seu padrinho, o Visconde do Ouro Preto, concordar em custear sua educação. O Visconde era um personagem importante do cenário político da época e usufruía de prestígio junto ao imperador. A posição destacada do padrinho proporcionou ao mulato Lima Barreto a possibilidade de ingressar no conceituado Colégio Pedro II.

© COLEÇÃO PARTICULAR

Retrato de Lima Barreto, 1920.

As dificuldades financeiras da família só aumentaram quando seu pai começou a apresentar problemas psiquiátricos e foi preciso que Lima Barreto assumisse a manutenção da casa e o sustento dos irmãos. Tempos depois, tornou-se funcionário no Ministério da Guerra e colaborador, como jornalista, de vários jornais e revistas cariocas, como *Fon-Fon*, *Gazeta da Tarde*, *Jornal do Commercio*, *Correio da Noite* e *A Noite*.

A grande estreia de Lima Barreto como escritor foi em 1909, com a publicação em Portugal de *Recordações do Escrivão Isaías Caminha*, que criticava duramente a sociedade brasileira pós-abolição, marcada pelo preconceito. Essa ênfase na denúncia da discriminação que vigorava se fez ainda mais contundente em *Triste fim de Policarpo Quaresma* (1911), considerada a obra que anuncia a literatura modernista no Brasil. O livro conta a história do major Policarpo Quaresma, um homem descrito como um sonhador, alguém que defendia a qualquer preço a ideia de um Brasil grandioso e promissor. Nessa defesa ele propõe que o Congresso adote o tupi-guarani como idioma nacional e resolve aprender a tocar violão, instrumento que na época era visto como coisa de capadócio, então sinônimo de malandro e mesmo de capoeirista. Vejamos como o austero e disciplinado Policarpo Quaresma explica seu interesse pelo violão:

"Quando entrou em casa, naquele dia, foi a irmã quem lhe abriu a porta, perguntando:

— Janta já?

— Ainda não. Espere um pouco o Ricardo, que vem jantar hoje conosco.

— Policarpo, você precisa tomar juízo. Um homem de idade, com posição, respeitável, como você é, andar metido com esse seresteiro, um quase capadócio — não é bonito!

O major descansou o chapéu de sol — um antigo chapéu de sol com a haste inteiramente de madeira, e um cabo de volta, incrustado de pequenos losangos de madrepérola — e respondeu:

— Mas você está muito enganada, mana. É preconceito supor-se que todo homem que toca violão é um desclassificado. A modinha é a mais genuína expressão da poesia nacional e o violão é o instrumento que ela pede."

A ironia do texto de Lima Barreto está justamente no triste fim reservado a Policarpo Quaresma, que, por defender princípios como justiça e honestidade, acaba preso e morre. Trata-se, portanto, de uma crítica do autor à política republicana, que em sua visão punia os justos e beneficiava os desonestos. O reconhecimento do valor literário de Lima Barreto deve-se ao modo coloquial, livre de estruturas gramaticais mais rígidas, o que aproximava o texto literário do jornalístico. Mas essa interpretação só se deu tardiamente; em sua época ele foi acusado de desrespeitar a língua portuguesa.

Descontente com a República, Lima Barreto aderiu ao anarquismo e participou da imprensa socialista. Ele defendia uma literatura engajada, voltada para a denúncia dos problemas sociais, atenta às desigualdades cada vez mais evidentes no Brasil republicano. Esse talentoso escritor teve a carreira literária e a militância política atropeladas por crises de alcoolismo e depressão. Sua saúde frágil levou-o a uma clínica psiquiátrica, onde faleceu aos 41 anos.

IMPRENSA NEGRA

ATÉ então conversamos sobre autores negros que atuaram na imprensa em geral, mas também é importante conhecermos a chamada imprensa negra, ou seja, os jornais e as revistas criados especificamente para divulgar a cultura afro-brasileira.

Depois da abolição, a imprensa passou a ser ainda mais importante para o público. Já em 1892, surgiu em Porto Alegre o jornal *O Exemplo*, para a população negra. Outros se seguiram a ele, como *O Baluarte* (1903), *O Alfinete* (1918) e *O Kosmos* (1922). Essas publicações dedicadas à cultura e às ações políticas da população negra ficaram conhecidas como imprensa negra. Denúncias de racismo, anúncio de festas e mesmo críticas a certos comportamentos da comunidade negra eram publicados nesses periódicos. Isso porque, numa tentativa de romper os laços com o passado escravo no Brasil, alguns jornais condenavam práticas culturais julgadas não civilizadas ou imorais.

Os adeptos do candomblé, muitas vezes, eram criticados pela imprensa negra porque professavam uma religião então considerada bárbara, ligada aos antepassados africanos. As pessoas e instituições que mantinham os jornais consideravam que o negro poderia escapar da exclusão e do preconceito se abandonasse hábitos e valores de origem africana. Eles sonhavam em ser reconhecidos como verdadeiros brasileiros, uma vez que tinham nascido aqui, mas não recebiam tratamento de cidadãos. Negar a África poderia integrá-los ao Brasil, avaliavam alguns jornalistas da imprensa negra.

Nem todos compartilhavam essa estratégia. Em 1915, surgiu em São Paulo o jornal *O Menelick*. O título era uma homenagem ao imperador etíope Menelick II, que havia vencido os italianos na batalha de Adwa, em 1896. Na época as nações europeias tentavam submeter povos africanos e controlar seus territórios. Por conta dessa vitória, Menelick II tornou-se famoso no Brasil. Ele chegou a ser homenageado pelo clube carnavalesco *Embaixada Africana*, formado por negros na Bahia, um ano depois de sua façanha. Ao dar ao jornal o nome de um líder etíope, seus idealizadores reafirmavam os vínculos existentes entre os negros brasileiros e africanos. Por sua vez, as homenagens a Luís Gama, Cruz e Souza e José do Patrocínio, entre outros eleitos como heróis que não poderiam ser esquecidos e eram comuns na imprensa negra. Nesse sentido, os jornais contribuíam para a construção de uma história da luta pela liberdade que tinha nesses heróis negros sua principal referência.

A imprensa negra também exerceu importante função associativa, divulgando a programação de clubes recreativos nos quais negros eram aceitos. É preciso dizer que, embora no Brasil o racismo nunca tenha sido institucionalizado, ou seja, nunca foi assumido pelo Estado, os negros brasileiros frequentemente enfrentavam situações de exclusão em clubes e mesmo em eventos ocorridos no espaço público. Barrados em diversos ambientes, militantes defendiam a criação de espaços destinados aos negros. Em 1904, foi fundada a primeira sociedade dançante destinada a negros na cidade de São Paulo, o Luvas Pretas.

Nos estatutos da Liga Metropolitana de Esportes Atléticos do Rio de Janeiro, constava em 1907 a proibição à presença de "pessoas de cor" nas equipes de futebol. Por isso, foram surgindo times exclusivamente negros, como a Associação Atlética São Geraldo, em São Paulo. Só anos mais tarde, na década de 1920, é que clubes cariocas e paulistas passaram a ter jogadores de futebol negros. Mesmo assim, a eles não era permitido frequentar outras atividades promovidas pelos clubes, como bailes. Diante dessa situação de segregação, a imprensa negra não só divulgava mas também valorizava os eventos promovidos por sua comunidade, incentivando os leitores a ter uma vida associativa saudável.

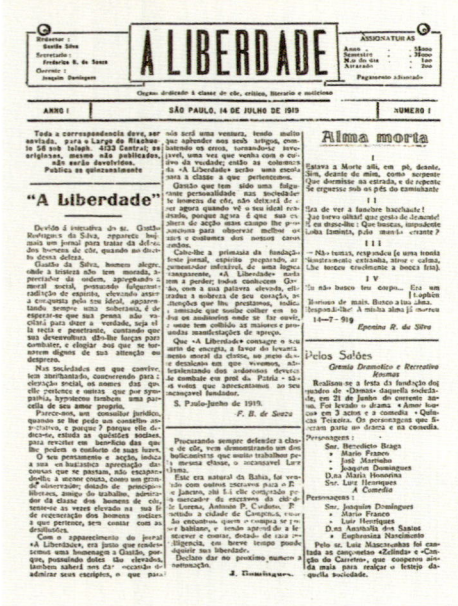

Jornalistas e tipógrafos na redação do jornal *O Clarim da Alvorada*, São Paulo, década de 1920, e fac-símiles dos jornais *A Liberdade*, de 1919, e *A Voz da Raça*, de 1935. Autor desconhecido.

É verdade que muitas dessas publicações duraram pouco, tiveram poucas edições, em geral por problemas financeiros — uma exceção foi o jornal *A Alvorada*, publicado no Rio Grande do Sul, que circulou de 1907 a 1965 —, mas de modo geral deram visibilidade e, especialmente, organizaram a luta por cidadania dos negros no Brasil.

Entre os mais de cinquenta títulos impressos entre 1889 e 1930, destacou-se o jornal *O Clarim da Alvorada*, que chegou a ter uma tiragem de 2 mil exemplares. Uma de suas campanhas foi pela realização de um Congresso da Mocidade Negra. Houve então uma reação muito grande dos principais jornais da época a essa ideia. Achavam que se a principal reforma social em benefício do negro, a abolição, já tinha acontecido não fazia sentido a promoção de eventos para discutir a situação da juventude negra.

Um dos jornalistas mais importantes na época foi o também sociólogo Abdias do Nascimento, editor do jornal *O Quilombo*, que circulou no Rio de Janeiro entre 1948 e 1950. A principal característica desse periódico era o fato de contar com colaboradores negros e brancos.

Por compartilharem as críticas ao racismo, intelectuais de prestígio como Nelson Rodrigues, Raquel de Queiroz e Gilberto Freyre escreviam em *O Quilombo*. A adesão de pessoas brancas de prestígio na luta pela igualdade racial demonstrava que esta não deveria ser um desejo apenas de negros. Independentemente da cor da pele, todos deveriam combater as desigualdades em nome de uma sociedade de iguais. Essa compreensão só foi possível quando a ideia de que os africanos e seus descendentes também formaram a cultura nacional passou a ser aceita no Brasil.

CAPÍTULO 6

CARNAVAL, SAMBA, JONGO E OUTRAS RODAS CULTURAIS

A música sempre esteve presente no cotidiano das populações africanas e afrodescendentes, fosse para ritmar o trabalho, ninar crianças, festejar ou mesmo protestar. Na música afro-brasileira o tambor é o instrumento mais importante, e ao lado dele temos o berimbau, o agogô, entre outros. Dos portugueses, os africanos incorporaram a viola e o pandeiro. Com base nesses instrumentos os africanos e seus descendentes criaram vários ritmos musicais que hoje compõem o rico acervo da música popular brasileira.

No século XVIII, surgiu um dos mais importantes gêneros musicais inventados pelos africanos no Brasil: o lundu. Na verdade, ele foi fruto da mistura de tradições musicais africanas com portuguesas. Herdou da África o requebrado, a umbigada e o batuque trazido pelos negros de Angola, e incorporou elementos das danças ibéricas, como o estalar dos dedos, além do acompanhamento instrumental do bandolim.

O lundu era considerado uma dança muito carregada de sensualidade para os padrões morais europeus. Ainda assim, durante todo o século XIX, surgiram muitos compositores que misturavam a sonoridade de músicas de origem africana com a viola.

Esse gênero musical saiu de evidência no início do século XX, mas deixou seu legado, principalmente no que tange ao ritmo cadenciado que influenciou profundamente o samba.

Afastados da casa-grande, escravos e escravas se divertem numa roda de samba. *Batuque*, Johann Moritz Rugendas.

NO CENTRO DA RODA: O SAMBA

A PALAVRA "samba" vem de *semba*, que na região de Angola denomina um círculo formado por músicos no qual os dançarinos se alternam executando passos cadenciados com braços, pernas e quadris. Nos séculos XVIII e XIX, em diferentes lugares da América a palavra e a dança foram registradas pelos viajantes, mas foi no Brasil que o *semba* angolano se transformou no *samba* e ganhou o *status* de símbolo da cultura nacional. E, com essa transformação, a música e a dança dos angolanos passaram a ser compartilhadas por negros vindos de outras regiões do continente africano.

Mesmo durante a escravidão, porém, também havia brancos em rodas de samba. Apesar da repressão policial, as práticas culturais afro-brasileiras

Brancos dançando lundu, um ritmo musical com muita influência africana. *Lundu*, Johann Moritz Rugendas.

não se constituíram isoladamente. Os sambas promovidos em festas públicas, por exemplo, eram espaços abertos a negociação cultural. Não era absurdo que durante uma festa religiosa, como a que acontecia na Penha no Rio de Janeiro, o som de um violão tocado por um português se harmonizasse com o de tambores. Em tal "negociação" ocorriam incorporações de instrumentos de origem europeia ao ritmo de origem africana, e também a valorização do samba como expressão da cultura afro-brasileira.

No Brasil, os primeiros registros do samba como ritmo musical e dança foram feitos na Bahia, no século XVIII. Daí se dizer que "o samba nasceu foi na Bahia" — embora em lugares como Rio de Janeiro e Recife existissem os batuques (termo também usado na Bahia) e os cateretês, muito semelhantes ao samba. Talvez fossem apenas nomes diferentes para denominar formas parecidas de tocar e dançar; mas o fato é que o samba foi apresentando variações de região para região, fazendo com que tenhamos até hoje, dentro desse mesmo gênero musical, várias maneiras de dançá-lo e tocá-lo.

Durante o período de escravidão, os proprietários de escravos, a Igreja e a polícia oscilaram entre proibir e tolerar o samba. A principal justificativa para proibi-lo era o medo de que a reunião de negros, ao som de tambores, favorecesse a organização de revoltas escravas. De fato, revoltas — a exemplo daquela dos malês em 1835 na Bahia — foram tramadas ou promovidas durante períodos festivos, quando era possível que os escravos se reunissem sem muita vigilância de seus senhores.

Outras razões para a proibição só poderão ser entendidas se não perdermos de vista o conceito de cultura. No período colonial, o som de tambores e o requebro dos corpos eram vistos como coisas diabólicas, por isso não deveriam ser permitidos nem mesmo nas senzalas. Mesmo porque se temia que o samba fosse pretexto para o candomblé.

Durante o período imperial, à medida que o pensamento científico passava a preponderar, a justificativa para a perseguição ao samba era o entendimento de que se tratava de uma prática ultrapassada, que comprometia o nível civilizatório do Brasil. Em vários momentos, a repressão foi tão grande que se criaram leis autorizando a polícia a prender quem promovesse ou participasse de rodas de samba. Ainda assim, não faltava quem se arriscasse, ao som de palmas e tambores, a sambar nas senzalas, nas matas próximas às fazendas, nas vilas e mesmo nas

Capa do CD *Samba de roda, patrimônio da humanidade*. Fotografia de Luiz Santos, acervo IPHAN.

cidades, durante festas católicas como a do Senhor do Bonfim em Salvador e a do Divino no campo de Santana no Rio de Janeiro.

Essa ousadia, às vezes, era severamente punida. Noutras, prevalecia o consentimento de algum senhor ou autoridade mais tolerante, que acreditava ser o samba um momento de extravasamento daqueles que, submetidos às piores condições de vida, compensavam assim suas dores — diminuindo o risco de revoltas. Essas eram visões, leituras de senhores e de autoridades administrativas e religiosas sobre práticas de pessoas que, apesar de subjugadas, demonstravam uma incrível criatividade cultural.

Para enfrentar o cotidiano da escravidão, os africanos e seus descendentes criaram comunidades em que era possível compartilhar costumes, manter laços culturais, alianças políticas e até mesmo planejar fugas e rebeliões. Naquelas ocasiões eles cantavam músicas aprendidas em suas comunidades de origem, mas também sambavam rimando, em português, versos sobre o dia a dia no Brasil.

CARNAVAL: UMA FESTA AFRO-BRASILEIRA

ANTES da década de 1860 — quando o Carnaval foi criado —, escravos, libertos e negros nascidos livres divertiam-se nas ruas das principais cidades do país comemorando o Entrudo, uma festa em que se arremessavam água e farinha nas pessoas. Essa festa foi proibida porque a julgavam algo bárbaro, atrasado. Para superá-la foi então criado o Carnaval, tendo como modelo o Carnaval de Veneza, na Itália. Lá, os foliões se divertiam usando máscaras, confetes e fantasias e realizavam desfiles e bailes luxuosos. Era, portanto, uma festa para poucos, já que exigia a compra de fantasias luxuosas e acesso aos clubes reservados para os senhores brancos. Mas não bastou proibir o Entrudo e decretar o Carnaval para que a população negra desistisse de festejar.

No Rio de Janeiro, a história do Carnaval começou a caminhar em outra direção no final do século XIX, quando a música tocada por grupos negros passou a mobilizar multidões para as ruas em festa. Várias questões contribuíram para a conquista do espaço carnavalesco carioca pelos sambistas. Uma delas foi a concentração de migrantes nordestinos em meio à população pobre e negra carioca na zona portuária da cidade do Rio de Janeiro.

Conta-se que entre os migrantes estava Hilária Batista de Almeida, a Tia Ciata. Ela havia chegado ao Rio de Janeiro em 1876, aos vinte e dois anos, vinda da Bahia. Além de ser excelente doceira, era prestigiada por seus conhecimentos de cura com ervas e pelos concorridos sambas promovidos em sua casa. Pelas ruas do Rio de Janeiro, Ciata vendia bolos, cocadas, manjares e muitos outros doces, vestida com uma longa saia rodada, pano da costa e turbante, além de muitas pulseiras e colares. Esse traje passou a ser conhecido como roupa de baiana e mais tarde foi incorporado ao desfile das escolas de samba.

Nessa "Pequena África", como aquela área passou a ser conhecida, aconteciam festas, músicas e ritmos aprendidos com velhos africanos e seus descendentes vindos do Nordeste, mas também se faziam muito presentes elementos da cultura da população do Rio de Janeiro. Os resultados dessa rica mistura cultural foram inúmeros. Sambistas como Pi-

© CEDOC/FUNARTE, RJ

Clementina de Jesus. Nascida em 1901, a "descoberta" do talento de Clementina só aconteceu na década de 1960.

xinguinha, Clementina de Jesus, Donga e João da Baiana cresceram frequentando esses ambientes.

Primeiro ocupando as ruas em pequenos grupos — os ranchos —, depois organizando blocos e clubes carnavalescos e por fim criando escolas de samba, essa população afrodescendente imprimiu sua marca no que se tornaria o maior símbolo da cultura brasileira, o Carnaval.

O instrumentista e compositor Pixinguinha tocando no Festival da Velha Guarda, no Clube dos Artistas, em São Paulo, SP. Abril de 1955.

O rancho era uma tradição católica — comum no Nordeste, mas também no Rio de Janeiro — que consistia em celebrar no mês de janeiro os Reis Magos. No século XX, os ranchos passaram a sair também durante o Carnaval, transformando em fantasias as roupas luxuosas usadas na encenação do Dia de Reis.

A novidade amenizava as restrições das autoridades à participação afrodescendente nos desfiles carnavalescos, graças ao luxo e ao aspecto espetacular dos ranchos. As figuras do mestre-sala e da porta-bandeira, hoje elementos centrais do desfile carioca, vêm da festa de Reis. Eram uma forma de essa população pobre se divertir imitando a forma de se vestir das elites urbanas e encenando seus trejeitos. A presença de elementos das festas religiosas no Carnaval demonstra que até o começo do século XX não existia uma diferenciação rígida entre o sagrado e o profano. Por isso era possível que tradições católicas e do candomblé fossem trazidas para a celebração de Momo.

Espetáculo de cor e som: desfile da Escola de Samba Mangueira, Rio de Janeiro, 1985.

O termo "escola de samba" é originário do século XX. Foi adotado pelos sambistas como uma forma de legitimar a música do morro, que era vista com grande preconceito pela sociedade brasileira.

O samba "Pelo telefone", lançado em 1917, de autoria de Donga e Mauro Almeida, é considerado o primeiro samba de grande sucesso nas rádios do Rio de Janeiro. Nos anos 1930 um grupo de músicos liderados por Ismael Silva fundou, na vizinhança do bairro de Estácio de Sá, a primeira escola de samba, *Deixa Falar*. Eles transformaram o gênero, dando-lhe os contornos atuais, até mesmo com a introdução de novos instrumentos, como o surdo e a cuíca.

Nessa mesma época, um importante personagem foi fundamental para a popularização do samba: Noel Rosa. Noel foi o responsável pela união do samba do morro com o do asfalto. Com a difusão do samba nas rádios de todo o país, no governo de Getúlio Vargas esse tipo de música ganhou o título de "música oficial" do Brasil.

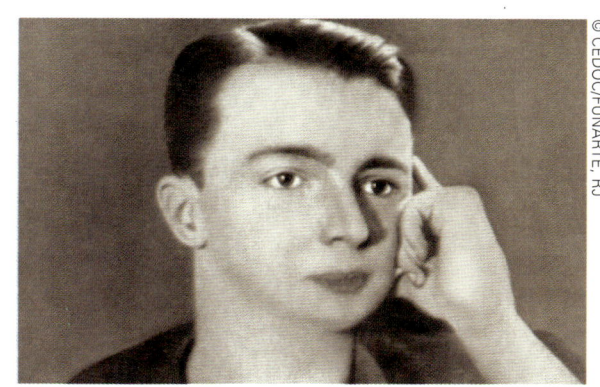

© CEDOC/FUNARTE, RJ

Noel Rosa, sambista, compositor, que contribuiu para divulgar o samba do morro.

Nos anos seguintes, o samba ganhou novas variações musicais. Influenciou também o surgimento de novos estilos musicais. Um desses novos estilos foi a bossa nova, criada por músicos de classe média, entre eles João Gilberto e Antônio Carlos Jobim. Nos anos sessenta, músicos da bossa nova iniciaram um movimento de resgate dos grandes mestres do samba. Muitos sambistas negros foram descobertos pelo grande público nesse momento. Nomes como Cartola, Nelson Cavaquinho, Zé Kéti e Clementina de Jesus gravaram então seus primeiros discos.

Em outras cidades, como São Paulo, Recife, Salvador e Porto Alegre, a cultura afrodescendente também ganhou maior visibilidade com o Carnaval. Em São Paulo, no bairro da Barra Funda, na zona oeste, eram promovidos os sambas mais animados da cidade, no começo do século XX. A diversidade era a marca do lugar, habitado por imigrantes italianos, portugueses e espanhóis, brancos brasileiros pobres e migrantes nordestinos. Por ser a região que concentrava armazéns de estocagem de café, essas pessoas tinham ali boas oportunidades de trabalho. Reunidos em

Agenor de Oliveira, Cartola, músico e compositor, em1982.

Nelson Cavaquinho, em 1983.

José Flores de Jesus, Zé Kéti, em 1971.

© GEYSON MAGNO/LUMIAR/SAMBAPHOTO

Maracatu rural, Pernambuco, 2002.

barracões fechados para escapar dos olhos da polícia, os sambistas da Barra Funda fundaram em 1914 o primeiro grupo carnavalesco do bairro, que viria a se tornar a Escola de Samba Camisa Verde e Branco.

MARACATUS E AFOXÉS, A CRIATIVIDADE AFRO-BRASILEIRA

EM Pernambuco, os maracatus são exemplos da capacidade criativa dos africanos e afrodescendentes. Maracatus são grupos que representam uma corte com rei, rainha, damas, princesas, príncipes, dama de honra e embaixadores. A principal atração é a dama do paço, que rodopia a calunga, uma boneca ricamente enfeitada. Em seguida vêm o príncipe e a princesa, que, bailando no ritmo de instrumentos percussivos, recebem os cumprimentos de quem assiste.

Ao desfilar com trajes coloridos e brilho de lantejoulas, o maracatu apresenta referências a várias tradições culturais ibéricas e africanas. Se o cortejo real é semelhante aos ternos dedicados aos reis católicos, a calunga representa as divindades da África Centro-Ocidental. Os maracatus mais antigos, como o Leão Coroado (1863), são chamados de nação ou baque virado e possuem vínculos com a tradição de coroação do rei do Congo, presente também nas irmandades católicas negras. O uso do termo "nação" demonstra a existência de uma comunidade que se reúne para reafirmar tradições que lhes garantem identidade cultural. Não por acaso, a maioria dos grupos de maracatu-nação foi formada na zona norte de Recife, agregando parentes e vizinhos que compartilham valores e condições de vida.

A partir da década de 1940, ganhou visibilidade outro tipo de maracatu, o de "orquestra ou baque-solto", também chamado de maracatu rural. Este se diferencia do "de nação" por ter um conjunto musical com instrumentos de sopro e apresentar como destaque o caboclo. Nas apresentações do maracatu rural as pessoas se divertem tentando escapar das investidas do caboclo, que tenta atingi-las com uma lança de madeira.

Dona Santa, rainha do Maracatu Elefante, Recife PE, década de 1940.

As realezas africanas também são festejadas pelos grupos culturais negros que ficaram famosos nas festas públicas da Bahia. Em Salvador, no final do século XIX, os mais entusiasmados eram a *Embaixada Africana* e os *Pândegos da África*. Como os próprios nomes já demonstram, eles possuíam vínculos muito fortes com tradições africanas, a ponto de percorrerem as ruas cantando músicas em iorubá, ao som de atabaques, um tipo de tambor também usado nas cerimônias do candomblé.

Afoxé *Filhos de Gandhi.*

Até a década de 1940, tanto em Pernambuco quanto na Bahia os grupos culturais que preservavam práticas afro-brasileiras eram muito criticados pela imprensa e perseguidos pela polícia, porque reafirmavam os laços entre o Brasil e a África. Entretanto, as comunidades negras possuíam raízes muito firmes na cultura brasileira.

Um dos mais celebrados símbolos da resistência cultural é o Afoxé Filhos de Gandhi, fundado em 1949. A palavra *afoxé* é de origem iorubana e significa adivinhação, mas hoje denomina os grupos formados por negros que, usando roupas de tecidos coloridos, torços e colares, saem pelas ruas cantando em iorubá. O Afoxé Filhos de Gandhi foi criado por estivadores que, ao homenagear o pacifista indiano Mahatma Gandhi, tentavam demonstrar que eram pessoas de paz e assim livrar-se do controle da polícia. Ainda hoje eles saem no Carnaval vestidos de branco e cantando e tocando música em *ijexá*, um ritmo musical mais cadenciado e lento.

Não é só de samba, Carnaval, maracatu e afoxé que é feita a cultura afro-brasileira. Já não se pode dizer que essa cultura seja possível sem a capoeira e o jongo.

OUTRAS RODAS: A CAPOEIRA

CERTAMENTE, a roda mais famosa da cultura afro-brasileira é a da capoeira. Embora não se saiba com exatidão onde surgiu, é muito provável que a capoeira faça parte da cultura banto vinda com os escravos do Congo-Angola. Há muitas semelhanças entre formas de luta e dança dessa área cultural e a nossa capoeira. Ainda hoje existe em Angola uma dança-jogo chamada *n'golo*, em que os braços e as pernas servem para defender e atacar o oponente, tal como acontece na capoeira. Durante a escravidão, a capoeira era tida como um jogo de negros Angola. Naquela época, jogar capoeira consistia em demonstrar destreza e habilidade corporal para golpear os adversários nas tentativas de fugas ou situações de conflito. Também era uma encenação, simulação de luta que reunia parceiros.

A capoeira era praticada por escravos, libertos e homens nascidos livres que viviam às voltas com a polícia que os considerava desordeiros. Graças à forma como enfrentavam a polícia e manejavam a navalha, os capoeiras passaram a ter fama de homens valentes, destemidos. A partir da segunda metade do século XIX, essa fama fez com que muitos deles acabassem sendo contratados como *capangas* de políticos. O próprio termo *capanga* é de origem banto e define uma espécie de bolsa usada junto ao corpo para guardar pequenos objetos, como canivete e amuletos. Com o passar do tempo, *capanga* passou a ser sinônimo de quem guarda, protege alguém.

Em Belém do Pará, ainda hoje circulam histórias sobre Chico Bala e Mão-de-Seda pelos serviços, nem sempre lícitos, que prestavam a políticos locais. Na capital paraense, o Ver-o-Peso, concorrido mercado da zona portuária, era território de encontros desses capoeiras. Em 1890, depois da proclamação da República, a capoeira foi incluída no código penal como contravenção. Quem fosse preso praticando capoeira podia ser punido com pena de dois a seis meses de prisão. Se ao ser preso ainda fosse considerado vagabundo, poderia até ser deportado para a ilha de Fernando de Noronha ou para o Acre, na época locais isolados e de onde se teriam poucas chances de regresso.

Assim como o samba, a capoeira foi deixando de ser tão duramente reprimida à medida que conseguia seu reconhecimento como prática formadora da cultura brasileira. Na década de 1930, coube ao Mestre Bimba (1900-1974) dar um passo importante nesse sentido. Bimba criou na Bahia a capoeira regional, incluindo golpes de lutas marciais orientais e acrobacias circenses, sem dissociá-la de suas raízes africanas. Naquela época a prática de esportes passava a ser vista como fundamental para a saúde. Ao apresentar a capoeira como uma prática desportiva, Mestre Bimba abriu caminho para que os jovens — não só negros — se integrassem a grupos de capoeira. Até que em 1933 a capoeira foi incluída como prática desportiva e passou a ser reconhecida como luta genuinamente brasileira.

Roda de capoeira na Bahia.

Já na década de 1940, aconteceram outras transformações na prática da capoeira no sentido de reafirmar sua referência africana e diferenciá-la das demais práticas esportivas. Esse movimento teve como principal líder o Mestre Pastinha (1889-1981), que sistematizou quais seriam os golpes, como os jogadores deveriam se portar na roda e os instrumentos a serem usados, consolidando o berimbau como o principal instrumento da capoeira. Ele era contra a violência na roda da capoeira, defendendo-a como um jogo que contava sobre tradições angolanas.

Hoje, a capoeira é praticada em todo o mundo. Mesmo em lugares muito distantes do Brasil, como a Indonésia, Suíça e o Japão, há dezenas de academias de capoeira. Esse crescimento é responsável ainda pela difusão da língua portuguesa, já que os capoeiristas devem aprender a cantar com seus mestres. A beleza dos movimentos, o ritmo da música, a tolerância ao erro, o estímulo ao acerto, o companheirismo e o respeito a todos os que participam da roda são características da capoeira que justificam tamanho sucesso.

OS "PONTOS" E OS "NÓS" NA RODA DO JONGO

No jongo, como no samba e na capoeira, os participantes formam uma roda, onde se canta e se dança ao som de tambores, geralmente dois. Trata-se de uma música-dança própria das áreas rurais de São Paulo, Rio de Janeiro e Minas Gerais desde pelo menos o século XVIII. Essa manifestação cultural teve origem nos povos da África Central. Sabemos hoje que em Luanda existia uma dança de roda formada por casais na qual os versos eram ditos e respondidos, algo muito semelhante ao que acontece no jongo.

O bom jongueiro precisa ser ágil com as palavras, conhecer sua comunidade e ouvir com atenção todos os que estão na roda. Ao cantar um "ponto", como são chamados os versos, e ditas as adivinhas ou demandas, os jongueiros podem "amarrar" seus oponentes. Isso significa que se acredita no poder da palavra, já que ela seria capaz de capturar, amarrar alguém. Para livrar-se, o oponente deve "desatar o nó", ou seja, entender o que foi dito, desvencilhando-se assim do que lhe amarrava. Jongo é um tipo de charada que deve ser respondida, também de modo cifrado, enigmático, deixando claro que seu sentido foi compreendido pelo outro cantador.

É preciso, portanto, conhecer a linguagem, as "gírias" da comunidade para entender e responder corretamente. No Sudeste brasileiro era comum que os escravos, mesmo de fazendas diferentes, se reunissem, durante suas poucas horas vagas, nas roças, senzalas ou no mato para um jongo. Nessas ocasiões eles homenageavam os mais velhos da comunidade, costume frequente entre os povos africanos.

No período da escravidão, o jongo também podia ser ouvido durante a rotina de trabalho nas plantações de café nas zonas rurais do Rio de Janeiro, Minas Gerais e São Paulo. Enquanto trabalhavam na lavoura, os escravos diziam e escutavam pontos de Jongo, o que lhes permitia comunicar-se sem que os feitores e senhores entendessem a conversa. Um jongo muito conhecido diz o seguinte:

"Com tanto pau no mato, embaúba é coronel!".

Segundo os jongueiros, essa frase era usada pelos escravos para debochar dos senhores que ocupavam lugares de comando na Guarda Nacional. Vamos entender: a embaúba era considerada uma árvore inútil, por ter madeira mole. Logo, se tinha tanta gente no mundo (pau no mato), como era possível que alguém sem valor (o senhor) estivesse no comando (como coronel)?

Desse modo, os escravos demonstravam que não estavam alheios aos acontecimentos da época, mesmo àqueles que não diziam respeito diretamente à vida na senzala e ao trabalho nas roças. Essa atenção ao que ocorria na sociedade estava presente em manifestações culturais como o jongo, que permitia a expressão de opiniões que só poderiam ser entendidas por quem fizesse parte da comunidade.

Em várias comunidades remanescentes de quilombos da região do Vale do Paraíba, interior do Rio de Janeiro, ainda se dança o jongo em volta de uma fogueira. Ali, como em tantas outras zonas rurais onde predomina a população negra, os jongueiros se reúnem para reforçar laços de parentesco e amizade, celebrar o fim da escravidão e também para se organizarem, porque como eles mesmos dizem: "O jongo não canta sozinho nem dança sozinho, precisa de um grupo".

Até agora tratamos de expressões tradicionais da cultura afro-brasileira que passaram a ser consideradas nacionais, patrimônio de todo o país. Mas ainda há as reinvenções culturais mais recentes, cujos autores são afrodescendentes dispersos em países onde também existiu escravidão, como Cuba, Estados Unidos e Jamaica, que influenciaram e ainda influenciam a juventude brasileira.

REGGAE E *HIP-HOP*, A JUVENTUDE EM CENA

O *REGGAE* e o *hip-hop* são movimentos culturais protagonizados pela população negra, que herdaram a criatividade dos africanos para reafirmar suas culturas e protestar contra as desigualdades e o preconceito.

Na década de 1970, a popularização dos meios de comunicação proporcionou à juventude brasileira o acesso à cultura produzida fora do país. Os discos de vinil e as fitas cassetes, assim como as imagens que chegavam pela televisão, cada vez mais presentes nas casas das famílias brasileiras, apresentavam-lhes um mundo mergulhado em movimentos de contestação cultural. Na Europa e nos Estados Unidos os estudantes protestavam contra as guerras, os preconceitos e a discriminação de qualquer espécie.

Foi nesse clima de contestação que o *reggae* passou a ser muito ouvido no Brasil. O ritmo surgiu na Jamaica, uma ilha do Caribe, na década de 1950, e era discriminado pela maioria das emissoras jamaicanas de rádio, que se recusavam a tocar músicas de protesto negro. Mas a partir da década de 1970 ele se popularizou e ganhou muito espaço, graças ao sucesso de Jimmy Cliff e Bob Marley, tornando-se uma música muito ouvida fora da Jamaica.

Gilberto Gil foi um dos divulgadores desse ritmo no Brasil, incluindo músicas e artistas como Jimmy Cliff em seus *shows*.

O sucesso do *reggae* é explicado pela denúncia que faz das péssimas condições de vida das populações negras em todo o mundo. As mensagens de protesto dos jamaicanos contavam sobre uma realidade muito semelhante à que os negros brasileiros vivenciavam: racismo, pobreza e falta de perspectivas. O *reggae* trazia uma mensagem de protesto, de esperança e de fortalecimento espiritual diante das angústias e aflições cotidianas, sobretudo as que decorriam da discriminação racial.

Para Bob Marley, tanto a cultura brasileira quanto a jamaicana traziam consigo o mesmo sentimento de pertencimento às raízes africanas. Foi na região norte do Brasil, especialmente no Maranhão, que o *reggae* conseguiu mais adeptos. Era do Maranhão que chegavam as novidades jamaicanas, os melhores LPs e as notícias sobre os ídolos. Em São Luís, os bailes mais concorridos continuam a ser promovidos ao som do *reggae*. A divulgação desse ritmo no Brasil foi muito importante para que a juventude negra se percebesse como parte de uma comunidade muito maior, formada pelos afrodescendentes que viviam em condições precárias em diferentes países. O racismo, portanto, passou a ser visto não só como um problema nacional, mas como algo a ser combatido em todo o mundo e por todas as pessoas.

O *hip-hop* no Brasil é mais um bom exemplo da dinâmica própria às culturas afro nas Américas. Trata-se de um movimento cultural que teve origem na década de 1960 nos subúrbios de Nova York, nos Estados Unidos, em bairros habitados por imigrantes hispânicos e caribenhos, principalmente da Jamaica. Ali, jovens negros promoviam festas com carros equipados com aparelhos de som potentes. Submetida à exclusão social e ao preconceito racial, essa juventude expressava com arte suas opiniões. A grande inspiração era Martin Luther King, líder do Movimento Americano pelos Direitos Civis.

As primeiras manifestações do movimento *hip-hop* no Brasil aconteceram na década de 1980, em São Paulo, em encontros realizados por seus adeptos na rua 24 de Maio e na estação São Bento do metrô. Existem quatro manifestações artísticas no movimento *hip-hop*: a música *rap* (sigla para *rythm-and-poetry*), os *Djs*, a dança do *break-dance* e a pintura do grafite. Todas elas são formas de reação às condições de exclusão da população jovem de periferia e buscam valorizar uma estética negra contemporânea. Daí as roupas, cabelos e atitudes dos manos e manas do movimento *hip-hop*.

Costuma-se dizer que o jongo é pai de gêneros musicais como o repente e a embolada. Mas também há quem diga que a embolada é uma das mães do *rap* no Brasil. Thaíde, um dos grandes nomes do movimento *hip-hop*, em parceria com Chico César e Nelson Triunfo mostrou quanto o verso improvisado e rimado dos *rappers* brasileiros tem referências na música afro-americana, mas também no repente e na embolada do Nordeste. Procure ver alguns versos do "Desafio no *rap* embolada".

Do samba ao *hip-hop*, passando pela capoeira e pelo jongo, podemos notar que na cultura afro-brasileira música, dança e poesia não se separam. São expressões em que o corpo, a oralidade e a musicalidade expõem formas de se colocar no mundo. E essas expressões culturais são fundamentais para a garantia da diversidade em nosso país. Isso significa que a inventividade que marca a trajetória da cultura afro-brasileira diz respeito às identidades, ao modo de reconhecerem a si e aos outros. Cabe então a todos nós garantir e respeitar as mais diversas manifestações da cultura, porque elas carregam consigo a história dos povos que construíram nosso país.

CONSIDERAÇÕES FINAIS

A CULTURA afro-brasileira tem uma longa história, que remonta aos primeiros anos de colonização, quando o Brasil ainda era uma colônia portuguesa. Foi no contexto do tráfico de escravos que os africanos chegaram às terras que mais tarde seriam chamadas Brasil. Por isso mesmo, a cultura afro-brasileira nasceu em meio ao drama de populações que foram arrancadas de suas comunidades de origem na África e escravizadas em várias regiões das Américas. No interior dos tumbeiros, povos com línguas e crenças diferentes se descobriram, reconheceram diferenças e identificaram também pontos em comum. Eram companheiros de travessia numa mesma embarcação.

Os africanos desembarcaram nos portos brasileiros com suas crenças, formas de lutar, se divertir, hábitos, modos de entender a vida e a morte, além de técnicas de cultivo agrícola, metalurgia, mineração e produção artística. A bagagem cultural dos africanos de diferentes regiões foi recriada na experiência do cativeiro. Na rotina do trabalho escravo, os africanos e seus descendentes descobriram diferenças e recriaram identidades culturais.

Na travessia do Atlântico muitas coisas se perderam, outras foram inventadas quando se juntaram com tradições indígenas e portuguesas. Embora submetidos à escravidão, os africanos sempre foram abertos às trocas culturais com os povos com que se relacionavam. Foi nessa troca que nasceram novos ritmos musicais, formas de se divertir, de preparar alimentos, e expressões literárias e artísticas que hoje fazem parte do patrimônio cultural do Brasil.

Mas a luta pela liberdade também nasceu com o desembarque do primeiro africano escravizado. Além de descobertas, esta foi uma história de superação dos obstáculos próprios de uma sociedade escravista. Por isso, a cultura afro-brasileira tem a marca da resistência e da superação das adversidades. A vida como escravo e mesmo como liberto significava lutar cotidianamente contra muitos limites que impediam o acesso dos africanos e de seus descendentes ao exercício da cidadania. Felizmente, esta também é uma história de muitas vitórias que demonstram uma incrível capacidade de superação e criação.

Esperamos que depois da leitura deste livro você possa perceber que a cultura afro-brasileira é parte importante do que todos nós somos hoje. Todo brasileiro e brasileira, independentemente da cor da pele ou da orientação religiosa, traz em sua formação cultural muitos saberes africanos. Começar a reconhecer isso é importante sob muitos aspectos.

Com esse reconhecimento, poderemos assumir e valorizar nossas heranças africanas, algo que durante séculos foi negado pelo preconceito e pela intolerância. Reconhecendo o que somos, conhecendo a cultura afro-brasileira, poderemos ajudar a projetar e a construir um Brasil que promova a inclusão social de todos os seus cidadãos.

Entender a cultura afro-brasileira indica-nos os caminhos de superação do racismo; e lutar contra o racismo não é uma tarefa apenas dos negros, deve ser uma luta de todo o nosso povo.

BIBLIOGRAFIA

ABREU, M. *O Império do Divino* – festas religiosas e cultura popular, 1830-1900. Rio de Janeiro: Nova Fronteira; São Paulo: Fapesp, 1999.

BOKOLO, E. M. África *Negra* – história e civilizações do século XIX aos nossos dias. Lisboa: Colibri, 2007.

COSTA E SILVA, A. *A manilha e o libambo* – a África e a escravidão de 1500 a 1700. Rio de Janeiro: Nova Fronteira, 2002.

_____. *A enxada e a lança* – a África antes dos portugueses. Rio de Janeiro: Nova Fronteira, 2006.

LOVEJOY, P. *A escravidão na África* – uma história de suas transformações. Rio de Janeiro: Civilização Brasileira, 2002.

MACHADO, M. H. P. T. *O plano e o pânico*. Os movimentos sociais na década da Abolição. São Paulo: Edusp, 2010.

REIS, J. J.; GOMES, F. *Liberdade por um fio* – história dos quilombos no Brasil. São Paulo: Companhia das Letras, 1996.

RODRIGUES, J. *O infame comércio* – propostas e experiências no final do tráfico de africanos para o Brasil. Campinas: Cecult, 2000.

SLENES, R. W. *Na senzala, uma flor*. Rio de Janeiro: Nova Fronteira, 1999.

THORNTON, J. *A África e os africanos na formação do mundo Atlântico (1400-1800)*. Rio de Janeiro: Elsevier, 2004.

SUGESTÕES DE LEITURA

ABREU, Frederico José de. *Capoeiras, Bahia, século XIX*. Salvador: Instituto Jair Moura, 2005.

ALBUQUERQUE, W.; FRAGA, W. *Uma história do negro no Brasil*. Brasília: Fundação Palmares; Salvador: CEAO, 2007. Disponível em: htttp://www.ceao/. Acesso em: 11 de setembro de 2012.

ASSIS, Machado de. *Memórias póstumas de Brás Cubas*. São Paulo: Moderna.

COSTA E SILVA, A. *A África explicada aos meus filhos*. Rio de Janeiro: Agir, 2008.

_____. *Um Passeio pela África*. Rio de Janeiro: Nova Fronteira, 2006.

FIGUEREDO, Luciano. (Org) *A Era da Escravidão*. Rio de Janeiro: Sabin, 2009.

GOMES, F. *Negros e política (1888-1937)*. Rio de Janeiro: Jorge Zahar, 2005.

_____. *Zumbi dos Palmares* – histórias, símbolos e memória social. São Paulo: Claro Enigma, 2011.

LARA, Sílvia Hunold; PACHECO, Gustavo. *Memória do Jongo, Vassouras, 1949*. Rio de Janeiro: Folha Seca; Campinas: Cecult, 2007.

LIMA BARRETO, Afonso Henriques de. *Diário íntimo*. Brasília: Ministério da Cultura, Fundação Biblioteca Nacional.

LODY, R. *Seis pequenos contos africanos sobre a criação do mundo e do homem*. Rio de Janeiro: Pallas, 2007.

LUHNINING, Angela. *Fotografando Verger*. São Paulo: Companhia das Letras, 2011.

MELLO E SOUZA, Marina. *África e Brasil Africano*. São Paulo: Ática, 2006.

MOREIRA, Carlos Eduardo et al. *Cidades Negras* – africanos, crioulos e espaços urbanos no Brasil escravista do século XIX. São Paulo: Almada, 2006.

SANDRONI, Luciana. *Um quilombo no Leblon*. Rio de Janeiro: Pallas, 2011.